AI에 대한 지구촌 행동

인공지능총서

인공지능 시대입니다. 기계가 인간의 인지를 대신하고, 사물이 인간을 통하지 않고 다른 사물과 직접 커뮤니케이션합니다. 이에 따른 인간 삶과 문명 변화를 정확히 이해·예측·대응하는 것은 이 시대 우리 모두의 과제입니다. 인공지능총서는 인공지능 기술과 환경의 여러 주제를 10가지 키워드로 정리합니다. 관련 개념과 이론, 학계와 산업계의 쟁점, 우리 일상의 변화를 다룹니다. 인간과 기술의 현재, 미래를 세심히 분석합니다.

일러두기

- 인명, 작품명, 저서명, 개념어 등은 한글과 함께 괄호 안에 해당 국가의 원어를 병기했습니다.
- 외래어 표기는 현행 어문규정의 외래어표기법을 따랐습니다. 다만 '딥러닝', '딥마인드', '딥페이크' 등은 관행을 따랐습니다.

AI에 대한 지구촌 행동

오성탁

대한민국, 서울, 커뮤니케이션북스, 2025

AI에 대한 지구촌 행동

지은이 오성탁
펴낸이 박영률

초판 1쇄 펴낸날 2025년 1월 31일

커뮤니케이션북스(주)
출판 등록 2007년 8월 17일 제313-2007-000166호
02880 서울시 성북구 성북로 5-11
전화(02) 7474 001, 팩스(02) 736 5047
commbooks@commbooks.com
www.commbooks.com

ISBN 979-11-7307-492-9 03500

책값은 뒤표지에 표시되어 있습니다.

차례

인간의 인간적 기계 활용 : 인류 공동체의 미래를 향하여

인공지능(Artificial Intelligence, AI) 관련 다양한 서적들이 봇물 쏟아지듯 출판되고 있다. 코딩, 알고리즘 개발 같은 기술 중심의 책자도 있고, 인공지능이 가져올 미래를 예측한 책들도 있으며, 교육, 가정, 기업, 산업 등 다양한 방면에 인공지능이 어떻게 활용되고 어떤 영향을 줄지 예상하는 책들도 있다.

이런 급변하는 상황에서 인간의 동반자로서 또는 인간의 경쟁자로서 AI의 역할에 대한 뜨거운 논의가 진행되고 있다. 또한 특정 국가, 특정 기술로서가 아닌 인류 모두가 관심 갖고 지켜보는 상황이다.

AI는 사회적 파급 효과가 여태까지의 기술들과는 근본적으로 다른 기술이다. 그렇기에 사회 여러 분야의, 여러 계층에서, 학제를 뛰어넘어서 미래 사회를 전망하고, 준비하고, 대응하는 것이라 생각한다. 더군다나, AI는 단순히 지식 기능뿐만 아니라 인지를 하고 인간의 감성을 이해하는 방향으로 발전하고 있다.

AI에 대한 우리의 이해는 1940년대 사이버네틱스의 출현과 함께 시작되었다. 노버트 위너(Norbert Wiener)는 저서 『사이버네틱스: 동물과 기계의 제어와 통신』를 통해 생물학적 시스템과 기계 시스템 간의 제어와 통신 원리를 연구하는 분야로 AI 발전의 토대를 마련했다.

1950년대에 이르러 AI의 개념은 더욱 구체화되었다. 앨런 튜링(Alan Turing)의 논문 "계산 기계와 지능"에서 제안된 '튜링 테스트'는 기계 지능을 평가하는 이정표가 되었다. 이어 1956년 다트머스 회의에서 존 매카시(John McCarthy), 마빈 민스키(Marvin Minsky) 등의 선구자들이 '인공지능(Artificial Intelligence)'라는 용어를 처음으로 사용하면서, AI는 독립된 연구 분야로 자리 잡게 되었다.

이후 AI는 컴퓨터 과학, 인지과학, 철학 등 다양한 학문과 교차하며 발전을 거듭했다. 1960년대와 1970년대를 거쳐, 1980년대에는 전문가 시스템의 발전으로 실용화 단계에 접어들었다. 1990년대와 2000년대에는 기계학습과 신경망 기술의 비약적 발전으로 AI는 새로운 전기를 맞이했다. 특히 제프리 힌턴(Geoffrey Hinton), 요슈아 벤지오(Yoshua Bengio), 얀 르쾽(Yann LeCun) 등의 연구자들이 확립한 딥러닝 기술은 2010년대 이후 AI

혁명의 기폭제가 되었다.

AI는 단순한 기술을 넘어 인간 본질에 대한 깊이 있는 성찰을 요구한다. 이에 따라 다양한 학문 분야의 협력과 통합적 접근이 필수 불가결하다. AI의 윤리적 문제를 다루기 위해서는 철학, 윤리학, 법학 등 인문 사회 과학 분야와의 긴밀한 협력이 요구된다. 옥스퍼드대학교의 닉 보스트롬(Nick Bostrom)이나 캘리포니아대학교(UC) 버클리의 스튜어트 러셀(Stuart Russell) 같은 석학들은 AI의 철학적 · 윤리적 함의에 대한 연구를 통해 이러한 학제 간 접근의 중요성을 역설하고 있다.

AI는 의료, 환경, 교육 등 다양한 분야에서 혁신적인 변화를 이끌고 있다. 의료 분야에서 AI는 진단의 정확성을 비약적으로 향상했으며, 구글 딥마인드(DeepMind)의 알파폴드(AlphaFold)는 단백질 구조 예측 분야에 혁명을 일으켰다. 기후 변화 대응을 위한 데이터 분석과 예측 모델 개발에도 AI가 중추적인 역할을 담당하고 있으며, 교육 분야에서는 개인화된 학습 경험을 제공함으로써 교육의 질을 한 단계 끌어올리고 있다.

AI의 창의적 활용 또한 주목할 만하다. 오픈AI(Open AI)의 달리(DALL-E)나 미드저니(Midjourney)와 같은 AI 이미지 생성 모델은 예술과 디자인 분야에 새로운 지평을 열었으며, GPT-3와 같은 대규모 언어 모델은 콘텐츠 생성, 언어 번역, 대화형 인터페이스 등 다양한 영역에서 혁신을 주도하고 있다.

그러나 AI 기술의 발전은 동시에 심각한 우려를 낳고 있다. 이스라엘·팔레스타인 분쟁에서 볼 수 있듯이, AI 기반 무기 시스템의 사용은 윤리적·안보적 차원에서 깊은 우려를 자아내고 있다. 국제인권감시기구(Human Rights Watch)와 하버드 법학대학교 국제인권클리닉은 AI 기반 자율 무기 체계의 위험성을 경고하며, 이에 대한 국제적 규제의 시급성을 역설했다(Human Rights Watch and Harvard Law School, 2012).

뉴럴링크(Neuralink)와 같은 기업이 개발 중인 인간-기계 인터페이스 기술은 인간의 정체성과 프라이버시에 관한 근본적인 질문을 제기한다. 이는 인간 능력 향상(Human Enhancement)에 대한 철학적, 윤리적 논의와 맞닿아 있다. 옥스퍼드대학교의 줄리언 사불레스쿠(Julian Savulescu)와 하버드대학교의 마이클 샌델(Michael Sandel) 같은 석학들은 이러한 기술의 윤리적 함의에 대해 심도 있는 논의를 전개하고 있다. 줄리언 사불레스쿠는 인간 능력 향상 기술을 긍정적으로 보며, 이를 인간의 본질적 특성으로 간주한다. 그는 이러한 기술이 인지적 자유와 프라이버시를 증진할 수 있다고 주장한다. 반면 마이클 샌델은 이러한 기술에 대해 비판적 입장을 취하고 있다. 그는 유전자 조작과 같은 기술이 미래 세대의 자율성을 침해하고 사회적 연대를 약화할 수 있다고 우려한다. 두 학자의 대비되는 견해는 인간과 기계의 인터페이스 기술의 윤리적 함의에 대한 깊이 있는 철학적 논의를 제공하고 있다.

AI로 인한 자동화는 노동 시장에 지각 변동을 일으키고 있다. 옥스퍼드대학교의 칼 베네딕트 프레이(Carl Benedikt Frey)와 마이클 오즈번(Michael A. Osborne)의 2013년 연구에 따르면, 미국 일자리의 47%가 향후 10~20년 내에 자동화될 위험에 처해 있다. 이는 사회 경제적 불평등 심화, 기술 실업 등의 문제를 야기할 수 있다.

반면, 세계경제포럼(World Economic Forum)의 『일자리의 미래 2020』 보고서는 AI와 자동화로 인해 2025년까지 8500만 개의 일자리가 사라지지만, 동시에 9700만 개의 새로운 일자리가 창출될 것으로 전망했다. 이는 AI가 일자리를 단순히 대체하는 것이 아니라, 노동의 성격을 근본적으로 변화시키고 있음을 시사한다. 따라서 AI 시대에 걸맞은 혁신적인 교육과 재교육 시스템의 구축이 시급한 과제로 대두되고 있다.

AI 기술의 급속한 발전과 그 파급력을 고려할 때, 어느 한 국가나 기업의 노력만으로는 AI의 잠재적 위험을 관리하고 그 혜택을 극대화하기에 역부족이다. 따라서 국제적 협력이 필수 불가결하다. 이는 국제관계학의 다양한 이론적 관점에서도 뒷받침된다.

신기능주의 이론을 통해 바라보면, AI 기술의 발전은 국가 간 협력의 필요성을 증대하는 '파급 효과(spillover effect)'를 창출하고 있다. AI 기술 표준화나 데이터 공유 체계 구축을 위한 협력은 점차 다른 영역으로의 협력을 유도하는 촉매제 역할을 할 수 있다.

복합상호의존 이론의 시각에서는 AI 기술이 국가 간 상호의존성을 심화하는 핵심 요인으로 부각된다. 로버트 코헤인(Robert Keohane)과 조지프 나이(Joseph Nye)가 강조했듯이, AI와 같은 초국가적 이슈에 대응하기 위해서는 국가 간 협력이 불가피하다. AI 기술의 발전이 국경을 초월한 데이터 흐름과 알고리즘 공유를 가속함에 따라, 전통적인 국가 중심의 거버넌스(governance) 모델은 그 한계를 드러내고 있다.

글로벌 거버넌스 이론은 AI와 같은 범지구적 과제에 대응하기 위해 다양한 행위자들의 협력이 필수적임을 역설한다. 제임스 로즈나우(James Rosenau)의 통찰력 있는 주장처럼, AI 거버넌스는 국가 중심의 전통적 접근을 넘어 새로운 형태의 글로벌 거버넌스를 요구한다. 이는 국가, 국제기구, 기업, 시민 사회 등 다양한 이해관계자들이 참여하는 복합적이고 다층적인 거버넌스 구조를 의미한다.

AI 윤리에 대한 국제적 합의와 표준 수립은 이 시대의 긴요한 과제다. 유네스코(UNESCO)가 2021년 11월 채택한 「AI 윤리에 관한 권고」는 이러한 노력의 선구적 사례로 볼 수 있다. 이 권고안은 AI의 윤리적 개발과 사용을 위한 최초의 글로벌 규범 체계로, 인권 존중, 개인정보 보호, 다양성 인정 등의 가치를 핵심 원칙으로 삼고 있다.

AI 발전을 위한 데이터 공유 메커니즘 구축 또한 시급한 과제다. 의료 AI 개발을 위해서는 다양한 인종, 성별, 연령대의 의료 데이터가 필수적이지만, 이는 개인정보 보호라는 또 다른 중요한 가치와 상충될 수 있다. 이러한 딜레마를 해결하기 위해 연합 학습(Federated Learning)과 같은 혁신적 기술 설루션(solution)과 더불어, 국제적으로 합의된 데이터 공유 프로토콜의 수립이 절실히 요구된다.

AI 기술의 국제 표준화는 기술 발전의 가속화와 시스템 간 호환성 제고를 위한 필수 조건이다. 국제표준화기구(ISO)와 국제전기기술위원회(IEC)가 2017년부터 운영 중인 AI 표준화 공동기술위원회는 AI 시스템의 신뢰성, 견고성, 설명 가능성 등에 대한 국제 표준을 개발하고 있다. 이러한 노력은 AI 기술의 글로벌 확산과 안전한 활용을 위한 토대를 마련할 것이다.

AI에 대한 국제적 규제 프레임워크 수립은 AI의 안전하고 책임 있는 개발과 활용을 보장하기 위한 핵심 과제다. 유럽연합(EU)의 「AI 법안(AI Act)」은 이러한 노력의 선도적 사례로 꼽힌다. 이 법안은 AI 시스템을 위험도에 따라 분류하고, 고위험 AI 시스템에 대해서는 엄격한 규제를 적용함으로써, AI 기술의 혜택은 극대화하면서 잠재적 위험은 최소화하려는 균형 잡힌 접근을 시도하고 있다.

강인공지능(AGI)의 출현 가능성은 인류의 미래에 지대한 영향을 미칠 수 있는 잠재력을 지니고 있다. AGI의 도래 시기에 대해서는 전문가들 사이에서도 의견이 분분하지만, 그 잠재적 영향력에 대해서는 이견의 여지가 없다. 오픈AI의 공동창업자 샘 올트먼(Sam Altman)은

AGI가 2030년대 초반에 등장할 수 있다고 예측하며, 이것이 인류에게 가져올 엄청난 혜택과 동시에 심각한 위험을 경고한다.

테슬라의 CEO 일론 머스크(Elon Musk)는 AGI의 잠재적 위험성에 대해 더욱 강한 우려를 표명한다. 그는 AGI가 2025년에서 2030년 사이에 등장할 수 있으며, 이는 인류에게 실존적 위협이 될 수 있다고 주장한다. 이러한 우려를 바탕으로 머스크는 AI 안전성 연구에 투자하고, AI 개발에 대한 국제적 규제의 필요성을 역설하고 있다.

반면, 레이 커즈와일(Ray Kurzweil)은 보다 낙관적인 전망을 제시한다. 그는 2045년경 AGI가 등장할 것이며, 이는 인류와 기계의 융합을 통해 새로운 차원의 지능과 의식을 창출할 것이라고 예측한다. 커즈와일은 이를 '특이점(Singularity)'이라 명명하며, 이를 통해 인류의 능력이 획기적으로 확장될 것이라고 전망한다.

AI와 인간의 조화로운 공존 모델 개발은 21세기의 핵심 과제 중 하나다. 이는 AI를 인간의 능력을 보완하고 확장하는 도구로 활용하면서도 인간의 존엄성과 자율성을 보장하기 위함이다. 이를 위해서는 AI 문맹(AI Literacy) 교육의 확대, AI 의사 결정 과정에 대한 인간의 개입과 감독 메커니즘 구축, AI 시스템의 설명 가능성과 투명성 향상 등 다각도의 노력이 요구된다.

스탠퍼드 대학교의 '인간 중심 AI 연구소(Institute for Human-Centered AI)'의 연구는 이러한 방향성을 선도적으로 제시하고 있다. 이들은 AI 시스템이 인간의 가치와 목표에 부합하도록 설계되어야 하며, AI가 인간의 능력을 증강하는 방식으로 활용되어야 한다고 주장한다. 이는 AI 기술 발전의 궁극적 목표가 인간의 삶의 질 향상에 있음을 상기시키는 중요한 메시지다.

저자는 글로벌 AI의 올바른 활용과 모든 국가가 AI를 통해 인간의 권리와 민주주의 가치를 존중하고 혁신적이고 신뢰할 만한 기술로서 인공지능이 작동하길 희망해 왔다. 경제협력개발기구(OECD)의 AI 전문가로 위촉돼 『OECD의 AI 원칙(AI Principles)』을 수립한 바 있으며 한국지능정보사회진흥원에서 AI 및 빅데이터 관련 다양한 정책과 많은 사업을 수행하면서 다양한 경험을 해 왔다. 이 경험을 바탕으로 AI에 대한 균형 잡힌 시각과 실질적인 통찰을 제공하고자 한다. AI 기술의 발전 과정을 직접 목격하고 참여하면서, 기술의 잠재력과 한계, 그리고 그것이 사회에 미치는 영향을 깊이 있게 이해할 수 있었다.

이 책은 AI의 기술적 측면뿐만 아니라 사회적, 윤리적, 정책적 측면을 종합적으로 조망한다. 이는 AI가 우리 사회에 미치는 다차원적 영향을 이해하고 대응하는 데 필수적인 접근이다. 예컨대, AI의 편향성 문제를 다룰 때, 단순히 기술적인 해결책만을 제시하는 것이 아니라 사회적 불평등의 구조적 문제와 연결 지어 논의함으로써, 보다 포괄적이고 효과적인 해결 방안을 모색한다.

또한 이 책은 정책 입안자, 기업가, 연구자, 그리고 일반 시민들에게 AI 시대를 준비하고 대응하기 위한 구체적인 지침을 제공한다. 정책 입안자들을 위해서는 AI 거버넌스의 구체적인 프레임워크를 제시하며, 기업가들에게는 AI 기술을 책임감 있게 개발하고 활용하기 위한 가이드라인을 제공한다. 연구자들을 위해서는 AI의 사회적 영향에 대한 다학제적 연구의 필요성과 방법론을 제시하며, 일반 시민들을 위해서는 AI 리터러시 향상을 위한 교육 프로그램과 AI 시스템에 대한 시민 참여 모델을 제안한다.

최근 수년간 AI에 관한 다양한 저작들이 출간되었다. 이들은 주로 AI의 기술적 측면, 경제적 영향, 윤리적 문제 등에 초점을 맞추고 있다. 리카이푸(Lee Kai-Fu)의 『AI 슈퍼파워』(2019)는 AI의 경제적, 지정학적 영향을 조명하고 있으며, 맥스 테그마크(Max Tegmark)의 『라이프 3.0』은 AI의 장기적 영향과 윤리적 문제를 심도 있게 다루고 있다.

그러나 이 책은 이러한 개별적 접근을 넘어, AI의 글로벌 거버넌스와 국제 협력의 필요성에 주목한다. AI 기술의 발전과 그 영향은 국경을 초월하는 특성을 지니고 있기 때문이다. 대규모 언어 모델(LLM)의 개발과 활용은 전 세계 언어 사용에 지대한 영향을 미치고 있으며, 자율주행 차량 기술의 진보는 국제 교통 체계와 규제의 재편을 촉구하고 있다.

더불어 AI 기술의 개발과 활용에서 국가 간 격차는 새로운 형태의 국제적 불평등을 야기할 수 있다. 이는 '데이터 식민주의(Data Colonialism)'라는 개념으로 설명되기도 한다. 닉 콜드리(Nick Couldry)와 울리세스 A. 메히아스(Ulises A. Mejias)는 그들의 저서에서 이 개념을 통해 AI와 빅데이터 시대의 새로운 형태의 국제적 권력 불균형을 지적하였다.

AI의 오용이나 악용은 전 지구적 차원의 위험을 초래할 수 있다. AI를 이용한 대규모 사이버 공격, 자율 무기 체계의 확산, 딥페이크를 통한 국제 여론 조작 등은 개별 국가의 대응 범위를 넘어선다. 이러한 맥락에서 AI의 글로벌 거버넌스는 21세기의 핵심적인 국제 정치 과제로 부상하고 있다.

이 책은 AI의 기술적 · 사회적 · 윤리적 측면을 총체적으로 조망하며, 글로벌 협력을 위한 구체적인 방안을 제시한다. AI 기술 표준화를 위한 국제기구 설립, AI 윤리 원칙의 국제적 합의 도출, AI 인재 육성을 위한 국제 교육 프로그램 등 실질적인 정책 제안을 담고 있다.

AI는 우리에게 전례 없는 기회와 도전을 동시에 제시하고 있다. 이 기술을 어떻게 발전시키고 활용하느냐에 따라 우리의 미래가 크게 달라질 것이다. 이 책 『AI에 대한 지구촌 행동』은 이러한 중요한 변곡점에서 우리가 나아가야 할 방향을 제시하고자 한다.

이 책은 AI 시대를 살아가는 모든 이들에게 중요한 나침반이 되고자 한다. AI의 현재와 미래에 대한 깊이 있는 이해와 함께, 우리가 나아가야 할 방향에 대한 명확한 비전을 제시함으로써, 독자들이 AI의 발전 동향을 파악하고, 그 함의를 이해하며, 대응 전략을 수립하는 데 필요한 종합적인 관점을 제공한다.

특히, AI 윤리에 대한 논의에서 이 책은 서구 중심적 관점을 넘어 다양한 문화권의 가치관과 윤리 체계를 고려하는 포용적 접근을 취한다. 유교 문화권에서의 AI 윤리 논의나 이슬람 문화권에서의 AI에 대한 접근 방식 등을 소개함으로써, AI 윤리에 보다 포괄적이고 다문화적인 시각을 제공한다. 이는 글로벌 시대의 AI 발전이 특정 문화권의 가치관에 편중되지 않고, 인류 보편의 가치를 반영할 수 있도록 하는 데 기여할 것이다.

AI 기술의 발전은 우리의 교육 시스템에 대한 근본적인 재고를 요구한다. AI 시대에 필요한 역량은 무엇인가? 어떻게 하면 평생 학습 사회를 구축할 수 있을까? 본서는 이러한 질문들에 대한 답을 모색하며, AI 시대의 교육 혁신 방안을 제시한다. OECD의 "교육 2030" 프로젝트나 세계경제포럼의 『미래의 일자리』 보고서 등을 참고하여, 미래 교육의 청사진을 그려 낸다.

더불어 AI가 민주주의와 거버넌스 체계에 미칠 영향에 대해서도 심도 있게 다룬다. AI를 활용한 정책 결정 지원 시스템, 시민 참여 플랫폼 등은 새로운 형태의 민주주의를 가능케 할 잠재력을 지니고 있다. 반면, AI를 이용한 여론 조작, 가짜 뉴스 확산 등의 위험 또한 간과할 수 없다. 본서는 이러한 AI의 양면성을 인식하고, 이를 민주주의 발전의 기회로 삼을 수 있는 방안을 모색한다.

우리는 AI의 발전이 인류의 번영과 행복에 기여하는 방향으로 이루어지기를 열망한다. 이를 위해서는 기술 개발자, 정책 입안자, 기업가, 시민 사회 활동가, 그리고 모든 시민들의 적극적인 참여와 협력이 필수다. 본서는 이러한 다양한 이해관계자들 간의 대화와 협력을 촉진하는 플랫폼으로서의 역할을 자처한다.

AI의 군사적 활용에 대한 논의에서부터 경제적 영향에 이르기까지, 본서는 AI와 관련된 주요 쟁점들을 다각도로 조명한다. 자율 무기 체계(AWS)의 개발과 사용에 대한 국제적 규제 논의, AI로 인한 생산성 향상과 경제성장의 가능성, 그리고 동시에 발생할 수 있는 불평등 심화의 위험 등을 균형 있게 다룬다. 이를 통해 독자들은 AI가 가져올 변화의 전모를 파악하고, 이에 대한 준비를 할 수 있을 것이다.

AI 기술의 발전은 우리에게 새로운 윤리적 질문들을 끊임없이 제기하고 있다. AI 시스템의 결정에 대한 책임 소재, AI가 만든 예술 작품의 저작권 문제, AI와 인간의 관계 설정 등 과거에는 상상조차 하기 어려웠던 문제들이 우리 앞에 놓여 있다. 이 책은 이러한 질문들에 대해 철학, 윤리학, 법학 등 다양한 분야의 전문가들의 견해를 종합하여 제시함으로써, 독자들이 이 문제들에 대해 깊이 있게 사고할 수 있는 기반을 제공한다.

결론적으로, AI는 우리에게 전례 없는 기회와 도전을

동시에 제공하고 있다. 이 기술을 어떻게 발전시키고 활용하느냐에 따라 우리의 미래가 크게 달라질 것이다. 이 책 『AI에 대한 지구촌 행동』은 이러한 중요한 시기에 우리가 나아가야 할 방향을 제시하고자 한다.

AI의 미래는 결국 우리의 선택에 달려 있다. 우리가 함께 지혜를 모으고 협력한다면, AI를 인류 공동의 이익을 위한 강력한 도구로 발전시킬 수 있을 것이다. 이 책이 이러한 노력에 작은 보탬이 되기를 희망하며, 독자 여러분과 함께 AI의 밝은 미래를 향한 여정을 시작하고자 한다.

우리는 지금 인류 역사상 가장 흥미진진하고 도전적인 시기를 살아가고 있다. AI는 이 시대의 핵심 동인으로서, 우리의 삶과 사회를 근본적으로 변화시키고 있다. 이러한 변화의 소용돌이 속에서 이 책이 독자들에게 믿음직한 나침반이 되어, AI의 거대한 파도를 슬기롭게 타고 넘을 수 있는 지혜와 용기를 제공할 수 있기를 간절히 바란다.

AI의 미래는 우리 모두의 손에 달려 있다. 함께 힘을 모아 AI의 잠재력을 온전히 실현하고, 그 혜택을 공정하게 나누며, 위험은 최소화하는 길을 걸어가자. 이 책이 그 여정의 든든한 동반자가 되기를 희망하며, 독자 여러 분을 AI의 새로운 지평을 향한 모험에 초대한다.

참고문헌

Couldry, N. & Mejias, U. A.(2019). *The Costs of Connection: How Data is Colonizing Human Life and Appropriating It for Capitalism.* Stanford University Press.

Human Rights Watch and Harvard Law School International Human Rights Clinic(2012). Losing Humanity: The Case Against Killer Robots. *New York: Human Rights Watch*

01
AI는 기회이자 위기

인류는 AI의 발전에 따라 위협에 직면할 것인가, 아니면 도약적인 번영을 맞이할 것인가? 유토피아인가, 디스토피아인가? 기계의 인간적 활용인가, 기계의 인간 대체인가? 우리는 기계 낙관론자인가, 아니면 비관론자인가?

21세기, 인류는 역사상 가장 혁명적인 기술의 등장을 목도하고 있다. 인공지능(AI)이라 불리는 이 기술은 우리의 일상과 산업, 나아가 사회 전반을 급속도로 변모시키는 핵심 동력으로 자리매김했다.

그러나 아무도 인공지능의 미래가 희망적인지, 두려운지 모른다. 다만 인간의 인지 능력을 뛰어넘는 AI의 잠재력을 목격한 기업들과 국가들은 경쟁적으로 미래 주도권 확보를 위해 막대한 자금을 AI 개발에 쏟아붓고 있다. 한국도 예외가 아니다. AI와 바둑 대결을 시작으로 AI를 미래의 성장 동력으로 삼아야 한다면서 AI의 선도 국가가 되기 위해서 많은 노력을 기울이고 있다.

인공지능은 미래에 우리에게 어떤 작용을 할까? 무엇보다 우리는 잘 알고 있다. AI가 우리 사회 기본 구조를 혁신적으로 바꿀 수 있다는 것을, 그리고 인간의 능력을 넘어서는 인지와 감성을 가질 수도 있다는 것을. 그러다 보니 인간이 통제할 수 없을 위험성이 크기에 미리 준비하고 예측하고 통제하고자 하는 것이다.

인류는 AI의 발전에 따라 위협에 직면할 것인가, 아니면 도약적인 번영을 맞이할 것인가? 유토피아인가, 디스토피아인가? 기계의 인간적 활용인가, 기계의 인간 대체인가? 우리는 기계 낙관론자인가, 아니면 비관론자인가?

과연, 기계는 인간과 협력해 밝은 미래를 만들어 낼까? 인간의 수명을 연장시켜 주고 윤택한 생활을 제공해 줄 것인가? 아니면 인간의 일자리를 빼앗거나, 가짜 이미지 생성으로 사회 문제가 되는 딥페이크(Deepfake), 사실이 아니거나 조작된 정보를 생성하는 할루시네이션(hallucination) 등으로 사회 혼란을 야기할 것인가?

이 책은 인공지능의 미래에 대한 책이다. 무엇보다 초지능체(Superintelligence)의 출현으로 인류가 직면하는 위협에 대해 어떻게 미래를 준비할지, 어떻게 협력할지에 대한 책이다. 이러한 협력은 국가별로, 기업별로 떨어져 있는 주체들을 하나로 모아 인공지능의 선순환적 발전을 도모할 것이다. 기술의 발전은 우리를 선진화하고 번영으로 이끌었지만, 소외된 계층과 기술의 부작용 또한 있었음을 인식해야 한다.

인공지능은 기회이자 위기다

PC의 발명, 인터넷의 보급, 스마트폰의 확대 등 정보화로 인하여 인류는 신산업과 새로운 일자리의 창출뿐만 아니라, 더욱 윤택하고 편리한 삶을 살 수 있는 순기능 효과를 경험하고 있다. 자율주행 차량의 개발로 교통사고를 줄이고, 배송 로봇을 통해 물류 효율성을 높이며,

의료 AI를 통해 진단과 치료의 정확도를 향상하는 등의 긍정적인 변화를 불러왔다. 또 챗봇과 같은 고객 서비스용 AI는 기업의 효율성을 높이고, 번역 AI는 언어 장벽을 허물어 글로벌 소통을 원활하게 한다.

예를 들어, 구글의 자율주행 차량 프로젝트는 2019년 기준으로 자율주행 차량이 약 20만 마일을 주행하며 단 한 건의 사고만 발생했다고 보고되었다. 또한, IBM의 왓슨(Watson)은 암 진단에서 90% 이상의 정확도를 보이며 의료 분야에서 큰 혁신을 이루고 있다. 하지만 사이버 범죄, 기술의 전쟁에 이용, 해킹, 사이버 왕따 등과 같은 기술의 역기능 또한 발생해 왔다. 최근 사회적으로 문제가 되고 있는 AI 기반 가짜 이미지 합성 기술인 딥페이크 기술을 악용하여 허위 정보를 퍼뜨리거나 지인의 사진으로 성행위를 묘사하는 이미지를 만들어 내는 등 개인의 명예를 훼손하는 사례가 급격하게 증가하고 있다. 그리고 해킹과 피싱을 통한 개인정보의 무단 유출, 개인 재산의 불법 편취 등과 같은 범죄 또한 심각한 사회적 문제다.

그 외에도 기술의 접근과 이해 부족으로 인한 디지털 격차, 사회적 고립, 인터넷 의존성 증가와 같은 역기능도 발생한다. 특정 계층은 최신 기술을 접할 기회가 부족하여 사회적 · 경제적 격차가 심화하고, 과도한 사용으로 인해 인간관계의 단절과 게임 중독 등 정신적 건강 악화가 초래되기도 한다.

기술은 이러한 양면을 지니고 있지만 기술과 인류의 공존, 상생이라는 목적하에 지속적인 발전을 해 왔다. 기술에는 긍정적인 측면과 부정적인 측면이 항상 공존해 왔다. 『도덕의 계보(On the Genealogy of Morality)』(1887)에서 "모든 진정한 발전은 고통을 수반한다"라고 말했듯이 프리드리히 니체는 기술 발전의 부정적 측면을 인식하는 중요성을 강조했다. 또 마르틴 하이데거는 저서 『기술에 대한 물음(The Question Concerning Technology)』에서 "기술의 본질은 어떤 수단이 아니다"라고 말하며, 기술이 인간과 세계의 관계를 근본적으로 변화시키는 방식임을 지적했다

발전은 이러한 양면성을 지니기에 그 장단점을 잘 인식하고 균형 잡힌 발전을 도모해야 할 것이다.

그럼에도 기술 발전은 지속돼야 한다

초기 인터넷이 보급되기 시작할 때 당시 사람들은 과연 인터넷으로 무엇을 할 수 있을지 아무도 생각하지 못했다.

그러나 인터넷은 검색 엔진으로 발전하고, 개인 간 연락과 대화, 전자 상거래 도입 및 오늘날 사람들이 모이고 들끓는 플랫폼을 만들었고 상상도 못 한 많은 애플리케이션과 기술들이 출현하게 되었다. 인터넷 자체가 하나의 플랫폼으로, 엔진으로 작동한 것이다. 오늘날 우리의 삶은 인터넷 없이는 불가능해졌다. 안부 인사도, 물건의 판매 · 구매, 구인 · 구직 등 기존 물리적 공간에서 해온 인간의 제반 행위들이 모두 인터넷, 가상 공간에서 구현되고 있다.

비단 인터넷뿐만 아니라, 더 오래전의 증기 기관도 그러하다. 증기 기관은 1712년에 토머스 뉴커먼(Thomas Newcomen)이 주로 광산에서 물을 퍼 올리기 위한 용도로 사용되었다. 그 증기 기관이 오늘날 자동차가 되고, 선박이 되고, 먼 대륙 간을 여행하는 비행기가 될 줄은 아무도 상상할 수 없었을 것이다.

기술은 새로운 엔진이다. 그 엔진을 어떻게 활용하느냐는 결국 사람의 몫이다. AI도 마찬가지다. AI 또한 그 활용이 무궁무진할 것이며 또 다른 플랫폼이자 엔진으로 작동할 준비가 되어 있다.

AI에 대해서는 상반된 의견들이 존재한다. 사람들은 AI의 새로운 기능과 모델들을 보면서 처음에는 "저런 것도 할 수 있다니" 하면서 찬사를 하고 감탄하다가, 이내 AI 기술의 지나치게 빠른 발전으로 인해 편향이나 윤리적 문제가 생길 수 있다는 사실에 긴장하고 경계한다. 그리고 AI가 인간을 대체한다는 실존적 위협을 느끼고 기술의 오용으로 대량 살상이 발생할지도 모른다는 위험성을 깨닫는다. 즉 인간의 지능을 뛰어넘는 AI가 등장해 인간을 위협할 수 있다는 점에 두려움과 공포를 느낀다.

이러한 '찬사와 감탄', '긴장과 경계', '두려움과 공포'라는 반응의 원인에는 여러 가지가 존재한다.

찬사와 감탄을 하는 이유를 예로 들면, AI 기반 이미지 생성 도구인 달리(DALL-E)는 간단한 텍스트 설명만으로도 매우 사실적이고 창의적인 이미지를 생성할 수 있다. 이는 예술가와 디자이너에게 새로운 영감을 제공하며, AI가 창작의 영역에서도 중요한 역할을 할 수 있음을 보여 준다. 의료 분야에서 AI는 복잡한 진단 작업을 자동화하여 의사들이 더 빠르고 정확하게 환자를 진단할 수 있도록 돕는다. AI 기반의 가상 비서로서 챗GPT는 사용자가 질문하면 실시간으로 답변을 제공하고, 다양한 작업을 도와준다. 사용자는 챗GPT를 통해 일정 관리를 하거나, 필요한 정보를 검색하고, 심지어는 간단한 프로그래밍 코드 작성까지 도움을 받을 수 있다. 이러한 기능들은 개인의 효율성을 높이고, 시간을 절약하게 해 준다.

긴장과 경계를 하는 이유로는 직업 상실의 우려, 프라이버시 침해 등이 있다. 직업 상실의 경우, AI는 많은 직업을 대체할 가능성이 있다. 예를 들어, 자율주행 차량 기술이 발전하면서 운송업 종사자들이 직업을 잃을 수 있다는 우려가 제기되고 있다. 매킨지 보고서(2017)인, 『사라지는 일자리, 생겨나는 일자리(Jobs lost, jobs gained)』에 따르면, 2030년까지 전 세계적으로 약 4억 개의 일자리가 AI로 인해 사라질 수 있다는 전망이 있다. 최악의 경우 실업자는 8억 명에 이를 수 있다고 전망했다. 그리고 2024년 매킨지는 보고서를 최신화하면서 현재의 AI는 직원들의 업무 시간을 최대 70%까지 흡수하는 잠재력을 가지고 있다고 발표했다.

AI 기술의 발전은 개인의 프라이버시를 침해할 가능성을 높인다. 안면 인식 기술은 공공장소에서 사람들을 식별하고 추적할 수 있게 하며, 이는 개인의 사생활을 위협할 수 있다. 2018년 유럽연합에서 제정한 일반 데이터 보호 규정(GDPR, General Data Protection Regulation)은 이러한 우려를 반영하여 데이터 보호를 강화하기 위한 조치를 포함하고 있다.

심각한 문제는 AI 기술을 두려움과 공포의 대상으로

대하는 것이다. 예를 들어, 전쟁에서의 AI 활용으로 무차별적이고 대량의 살상 위협이 상존한다는 것이다. 전쟁에 활용되는 것은 특히 두렵고 공포스러운 시나리오다. AI 기반 무기 시스템은 인간의 개입 없이 자율적으로 목표를 식별하고 공격할 수 있는 능력을 지닌다. 이는 전쟁의 윤리적 · 법적 문제를 야기할 수 있으며, 인류에게 큰 위협이 될 수 있다. AI 드론은 적군을 식별하고 공격하는 데 사용될 수 있는데, 이는 잘못된 판단으로 인해 무고한 민간인이 피해를 볼 가능성을 높인다. 또 이러한 기술이 테러리스트 조직이나 적대적인 국가에 의해 악용될 경우, 글로벌 안보에 심각한 위협이 될 수 있다.

둘째로 AI 기술은 그 작동 원리를 파악하기 쉽지 않다. 복잡한 알고리즘과 데이터 처리 과정을 사용자가 이해하기 어렵고 기계에 의해 생성된 데이터를 기계가 또 사용한다면 결과의 신뢰성에 대한 의문이 생길 수 있다. 이는 AI가 잘못된 결정을 내리거나, 편향된 결과를 도출할 경우 더욱 심각한 문제를 야기할 수 있다.

셋째로 악용 가능성에 대한 두려움이 크다. 딥페이크 기술은 이를 잘 보여 주는 예다. 딥페이크는 AI를 이용해 사람의 얼굴과 목소리를 조작하여 가짜 영상을 만드는 기술로, 이를 통해 허위 정보를 퍼뜨리거나 개인의 명예를 훼손하는 사례가 증가하고 있다. 이러한 기술의 악용은 사회적 혼란과 불안을 야기할 수 있다.

기술의 발전은 인류의 성장과 병행하기에 기술 발전을 막을 수는 없다. 그렇기에 역기능적 요소들을 해소하기 위한 다양한 조치들이 수반되어야 할 것이다. 이를 위해 AI 윤리, 신뢰할 수 있는 AI, 책임 있는 AI 등 다양한 조치들이 수반되어야 할 것이다. 그러나 AI 기술은 기존의 인류가 개발해 온 여타 기술들과 달리 AI의 생성, AI의 학습, 알고리즘의 이해 등에서 사람들에게 어려움을 안긴다. AI에 대처하는 기준, 방식 등이 정립이 안 되어 많은 시행착오가 생길 것이며 그 시행착오는 걷잡을 수 없는, 회복할 수 없는 상황까지 갈 수 있기에 두려움을 느끼는 것이다.

글로벌 협업으로 인류 공동체를 이루자

기술 발전이 인류에게 미치는 영향을 극대화하고, 그 부작용을 최소화하기 위해서는 글로벌 협업과 글로벌 공동체가 필수적이다. 기술의 진보와 기술을 통한 인류의 발전은 단일 국가의 노력만으로는 불가능하며, 전 세계적인 협력이 필요하다.

대표적으로 코로나19 팬데믹 동안 전 세계적으로 백

신 개발을 위해 수많은 기업과 연구 기관이 협력했다. 미국의 화이자(Pfizer)와 독일의 바이오엔텍(BioNTech)은 mRNA 백신을 공동 개발했으며, 이 백신은 전 세계적으로 배포되어 많은 생명을 구했다. 이러한 협력은 빠른 백신 개발과 대규모 임상 시험, 그리고 글로벌 배포를 가능하게 했다.

정보 기술 분야의 대표적인 글로벌 협업은 '기술 표준화'다. 기술 표준화는 다양한 국가와 기업이 공동으로 기술 개발에 참여하고, 호환성과 상호 운용성을 보장하는 데 중요하다. 이를 통해 기술 발전의 효율성을 높이고, 세계 시장에서의 기술 채택을 촉진할 수 있다. 인터넷 프로토콜(IP)과 같은 글로벌 기술 표준은 인터넷의 폭발적 성장을 가능하게 했다.

기술의 부작용을 최소화하기 위해서는 글로벌 거버넌스와 규제가 필요하다. AI 윤리 기준, 데이터 보호법, 사이버 보안 규제 등은 글로벌 협력하에 마련되고 시행되어야 한다. 유럽연합(EU)의 일반 데이터 보호 규정(GDPR)은 글로벌 데이터 보호 표준을 설정하고, 전 세계적으로 영향을 미친 좋은 사례다.

글로벌 협업과 글로벌 공동체는 기술 발전을 지속시키고, 그로 인한 혜택을 전 세계적으로 공유하기 위해 필수다. 이를 통해 우리는 기술의 긍정적 측면을 극대화하고, 부정적 영향을 최소화할 수 있다. 기술 발전이 인류의 지속 가능한 발전과 번영을 이끄는 중요한 동력이 될 수 있도록, 국제 사회는 함께 협력하고 노력해야 할 것이다.

참고문헌

Heidegger, M.(1954). *The Question Concerning Technology and Other Essays.* Garland Publishing.

IBM(2023). Watson Health – Oncology and Genomics, https://www.ibm.com/watson-health/solutions/oncology-and-genomics

McKinsey Global Institute(2017). *Jobs Lost, Jobs Gained: Workforce Transitions in a Time of Automation.* McKinsey & Company.

McKinsey & Company(2023). The State of AI in 2023: Generative AI's breakout year, https://www.mckinsey.com/capabilities/quantumblack/our-insights/the-state-of-ai-in-2023-generative-ais-breakout-year

Nietzsche, F.(1887). *On the Genealogy of Morality.* Verlag von C. G. Naumann.

Waymo(2019). Waymo Safety Report, https://waymo.com/safety/

02
AI 거버넌스에 대한 이해

AI 거버넌스란 인공지능 기술의 개발, 배포, 사용을 관리하고 규제하는 체계와 원칙을 말한다. 이는 AI 시스템의 안전성, 투명성, 책임성, 공정성을 보장하고, 윤리적 문제를 해결하며, 사회적 가치와 조화를 이루도록 하는 것을 목표로 한다. AI 기술과 그 영향은 국경을 넘어서기 때문에 AI 거버넌스는 국제적 차원의 협력과 합의가 필요한 영역이기도 하다.

AI 거버넌스란 무엇인가

'AI 거버넌스'란 AI 기술이 사회 전반에 미치는 영향력이 커짐에 따라, 이를 효과적으로 관리하고 통제하기 위한 일련의 정책, 원칙, 절차, 규범 및 구조를 포함하는 개념이다.

경제협력개발기구(OECD)의 정의에 따르면 AI 거버넌스는 "인공지능 기술의 윤리적, 법적, 사회적 측면을 다루는 정책과 규제의 체계로서, 이를 통해 AI의 책임감 있고 신뢰할 수 있는 사용을 보장한다". 유럽연합집행위원회(EC)는 "인공지능 시스템의 개발, 배포, 사용에 관한 정책, 규범, 기준을 설정하여, 이러한 시스템이 윤리적이고 신뢰할 수 있으며 투명하게 작동하도록 보장하는 것을 목표로 한다"라고 정의하며 세계경제포럼(World Economic Forum)은 "AI 거버넌스는 인공지능 기술의 개발과 사용을 규제하고 지침을 제공하는 정책적, 제도적 틀로, 안전성, 공정성, 투명성을 촉진한다"라고 정의하고 있다.

AI 거버넌스에 대해서는 여러 기관에서 정의를 하였지만 공통적인 내용은 AI 기술이 개발되고 사용되는 과정에서 발생할 수 있는 다양한 문제점들을 예방하고, AI 기술이 인류에게 긍정적인 영향을 미칠 수 있도록 하는 것이다.

AI 거버넌스의 주요 사례

AI 거버넌스는 왜 중요한가? 지금의 AI 기술들에 대한 사람들의 인식은 AI가 우리의 일상에 깊게 들어와 있고 활용도도 높으며 생각보다 성능과 효과가 높다는 것이다. 그리고 AI의 활용도가 높다 보니 그 중요성도 크다는 것이다. 그래서 중요한 만큼 안전하고 책임감 있게 운영될 수 있도록 관련 기술, 표준, 제도의 장착이 중요하다는 것이다. 그리고 기술의 발전 양상과 기술의 불투명성에 대한 우려가 크다는 것이다.

무언가 조치가 필요하다는 인식을 하면서 다양한 국가와 조직이 자체 인공지능 정책을 강화하고 있으며, 보다 책임감 있고 포용적인 인공지능을 위한 행동을 촉구하는 목소리가 다양한 방향에서 들려오고 있다.

미국에서는 국립 표준 기술 연구소(NIST)가 2023년 1월에 『AI 위험 관리 프레임워크(AI Risk Management Framework, AI RMF 1.0)』를 발표하였다. 민간 및 공공부문과 협력하여 개발된 이 프레임워크는 자발적인 사용을 목적으로 하며, AI 제품, 서비스 및 시스템의 설계, 개발, 사용 및 평가에, 신뢰성 고려 사항을 통합하는 능력을 향상하기 위한 것이다.

EU의 경우 AI 법을 만들고, 미국의 경우 AI 행정 명령「안전하고 보안이 유지되며 신뢰할 수 있는 AI 개발 및 사용(Executive Order on the Safe, Secure, and Trustworthy Development and Use of Artificial Intelligence)」(2023)을 만들며, 중국은 「차세대 인공지능 윤리 규범」(2021)이라는 AI 윤리 가이드라인을 발표하고, 일본은 OECD의 AI 원칙에 적극적으로 참여하며, 캐나다는 「범 캐나다 AI 전략(Pan-Canadian Artificial Intelligence Strategy)」(2022)과 같은 AI 및 데이터 윤리 정책을 강화하고 있다. 우리나라 또한 AI 기본법 제정을 위해 적극 노력하고 있다.

2021년부터 2023년 동안은 AI 거버넌스의 전환점이 되는 기간이라고 해도 과언이 아니다.

AI 거버넌스의 필요성

AI 거버넌스에는 다양한 필요성이 있다.

첫째, 윤리적 문제 해결을 위해 필수다. AI가 편견을 학습하거나 개인정보를 침해하는 등의 윤리적 문제를 방지하여 AI 시스템이 인간의 윤리적 기준을 준수하도록 보장한다. 이는 공정성, 투명성, 책임성, 그리고 프라이버시 보호 등을 포함한다.

둘째, 안전성 확보를 위해 필요하다. AI 시스템의 오작동으로 인한 피해를 최소화하고, 안전한 AI 개발 환경을 조성하는 것이 중요하다. 이를 통해 AI가 인간에게 유익하고 신뢰할 수 있는 방식으로 작동하게 된다.

셋째, 신뢰 구축에 중요한 역할을 한다. AI에 대한 사회적 신뢰를 높이고, AI 기술의 발전을 위한 건전한 생태계를 구축할 수 있다. 법적 요구 사항 및 규제를 통해 AI 시스템의 오남용을 방지하고 신뢰성을 확보하는 것도 필수다. 예를 들어, 유럽연합의 일반 데이터 보호 규정(GDPR)과 같은 데이터 보호법을 통해 개인의 데이터가 안전하게 보호되도록 하는 것이다.

넷째, 법적 책임 소재를 명확히 하기 위해 필요하다. AI로 인해 발생하는 문제에 대한 책임 소재를 명확히 하고, 관련 법규를 정비함으로써 문제가 발생했을 때 적절히 대응할 수 있는 체계를 마련하는 데 필요하다.

또한, 기술 표준을 마련하는 것도 AI 거버넌스가 다루어야 할 중요한 사항이다. AI 시스템의 안전성과 신뢰성을 보장하기 위해 기술적 표준 및 프로토콜을 마련하고, 알고리즘 검증, 데이터 품질 관리 등을 포함해야 한다. 이를 통해 AI 시스템이 일관되고 예측할 수 있는 결과를 제공할 수 있다.

AI 거버넌스의 글로벌 해결

여러 나라의 사례를 보듯이 AI 거버넌스는 단순히 기술적인 문제뿐만 아니라, 사회, 법률, 윤리 등 다양한 측면을 고려해야 하는 복잡다단한 문제다. 그래서 정부, 기업, 시민 사회 등 다양한 주체들의 참여와 협력이 필요하다. AI 거버넌스를 통해 AI가 올바르게 작동할 수 있도록 하고 AI가 사회에 긍정적인 영향을 미칠 수 있도록 AI 거버넌스가 필요한 것이다.

AI 기술의 급속한 글로벌 확산과 광범위한 영향력으로 인해, 국가 간 협력과 국제적 거버넌스 체계의 구축이 필수다. AI 알고리즘과 데이터는 국경을 쉽게 넘나들며 AI 시스템의 영향력 또한 전 세계적으로 미치는바, 개별 국가 차원의 규제만으로는 한계가 있기에 국제 사회가 협력하여 AI 기술이 전 세계적으로 안전하고 윤리적으로 사용될 수 있도록 보장해야 한다. 국제 협력을 강화하고, 공통된 윤리 기준과 법적 규제를 마련해야 할 것이며, 각국의 정책 및 규제 사례를 벤치마킹하여 글로벌 표준을 설정하는 노력이 필요하다. 그리고 AI 거버넌스에 대한 지속적이고 상설 연구와 토론을 통해 새로운 도전 과제에 대응할 수 있어야 할 것이다.

AI 기술이 빠르게 발전함에 따라 사회와 경제에 미치는 영향이 커지면서 거버넌스에 대한 조율된 접근 방식에 대한 요구가 커지고 있으며, 이는 전 세계적으로 해결해야 할 과제다. 즉, 기술 발전 속도와 규제의 조화는 매우 중요한 과제로서, 빠른 속도로 진화하는 AI를 전통적인 규제 방식으로는 따라가지 못하고 너무 엄격한 규제는 혁신을 저해할 수 있다. 반대로 너무 느슨한 규제는 AI의 부작용을 효과적으로 통제하지 못할 수 있다. 따라서 AI 기술의 발전 속도에 맞춰 유연하게 대응할 수 있는 적응형 규제 체계가 필요하다.

AI 거버넌스 체계를 구축하고 발전시키는 것은 우리 모두의 책임이며, 이를 통해 우리는 AI와 함께하는 미래를 보다 안전하고 공정하게 만들어 갈 수 있을 것이다.

참고문헌

중화인민공화국 과학기술부(2021). 『차세대 인공 지능을 위한 윤리 규범 발표』.

European Commission(2019). Ethics Guidelines for Trustworthy AI, https://digital-strategy.ec.europa.eu/en/library/ethics-guidelines-trustworthy-ai

Government of Canada(2022). Government of Canada launches second phase of the Pan – Canadian Artificial Intelligence Strategy,
https://www.canada.ca/en/innovation-science-economic-development/news/2022/06/government-of-canada-launches-second-phase-of-the-pan-canadian-artificial-intelligence-strategy.html

IEEE(2020). Ethically Aligned Design: A Vision for Prioritizing Human Well-being with Autonomous and Intelligent Systems.

NIST(2021). Artificial Intelligence Risk Management Framework.

OECD(2019). Recommendation of the Council on Artificial Intelligence.

White & Case LLP.(2024). Long awaited EU AI Act becomes law after publication in the EU's Official Journal.

World Economic Forum(2020). AI Governance: A Holistic Approach to Implement Ethics into AI,
https://www.weforum.org/publications/ai-governance-a-holistic-approach-to-implement-ethics-into-ai/

03
국제기구의 AI 행동

국제기구들의 AI 관련 행동과 국가별 행동 간의 관계는 상호 보완적이며, 각기 다른 수준의 협력과 조정이 이루어진다. 국제기구들은 글로벌 가이드라인과 표준을 제시함으로써 국가들이 AI를 책임 있게 개발하고 활용할 수 있도록 돕고, 국가들은 이를 바탕으로 자국의 정책을 수립하고 실행하면서 국제 사회와의 조화를 이루어가는 게 바람직한 방향이다. 이러한 상호 작용은 AI 기술이 글로벌 차원에서 긍정적인 영향을 미칠 수 있도록 하는 데 중요한 역할을 할 것이다.

국제기구들의 AI 행동

국제기구들의 AI 관련 활동은 무엇보다 글로벌 표준 및 규범의 수립이 첫째다. AI 기술의 국경 초월적 특성으로 인해, 그리고 기술 사용의 윤리적 책임의 문제로, 국제적으로 합의된 표준과 규범이 필요하다.

둘째는 모든 국가가 동등한 기회를 맞이하지 않는다는 것이다. 즉 AI 분야에서 기술 격차로 인해 특정 국가나 집단에 편중되지 않도록 국제적 노력이 요구된다.

그리고 글로벌 차원의 공동의 문제 해결을 위해 AI 기술의 국제 협력이 필요하다.

주요 7개국 정상회의

G7은 세계 주요 7개국 정상회의로 AI 분야에서도 선도적인 역할을 하고 있다. 2016년 G7 정보통신장관회의에서 인공지능을 포함한 4차 산업 혁명 핵심 기술에 관한 연구개발 강화에 대한 공동 선언문 발표로 공식적인 논의를 시작하였다. 2017년 G7 ICT 장관회의에서는 AI에 대한 논의가 더욱 심화하였다. 이 회의에서는 인간 중심의 AI 개발의 중요성이 강조되었고, AI의 기술 개발뿐만 아니라 정책, 사회 문화, 법 규제 등 다차원적 접근 필요성 인식이 되어 OECD의 AI 원칙 수립 작업에 대한 지지

가 표명되었다.

2018년 G7 정상회담에서 '인공지능 미래에 대한 공동 비전' 선언문을 채택하여 AI에 관한 G7의 입장을 명확히 하였다. 선언문은 AI의 경제 성장 잠재력과 사회적 혜택 인식, AI 개발과 사용에 있어 인권, 포용성, 다양성, 혁신, 경제 성장 존중 강조, AI 관련 투자, 여성과 소수자의 AI 분야 참여, AI 리터러시 교육 등 촉진, AI 기술 오용 방지와 개인정보 보호의 중요성을 강조하였다.

2023년 G7 정상회담에서 '히로시마 AI 프로세스' 수립 계획을 발표하며, 같은 해 12월 '히로시마 AI 프로세스 포괄적 정책 프레임워크'를 승인했다. 이 프레임워크는 인간 중심 AI 설계 원칙, 개인의 권리 보호, 신뢰 시스템 강화에 중점을 두고 있다. 특히 주목할 만한 것은 '고급 AI 시스템 개발 조직을 위한 히로시마 프로세스 국제 행동 강령'의 수립이다. 이 강령은 AI 개발 조직들이 준수해야 할 구체적인 지침을 제공하고 있다.

경제협력개발기구

OECD(경제협력개발기구)는 G7과 긴밀하게 협력하면서 글로벌 AI 관련 활동을 주도적으로 수행해 왔다.

상호 협력을 통해 OECD와 G7은 국제 AI 거버넌스 형성에서 상호 보완적인 역할을 수행하고 있다. OECD가 더 광범위한 회원국을 대상으로 한 정책 연구와 권고를 수행한다면, G7은 이를 바탕으로 더 구체적이고 실행 가능한 합의를 도출하는 역할을 한다고 볼 수 있다. G7은 2019년 OECD AI 원칙을 공식적으로 지지하였다. 이는 OECD AI 원칙이 국제적으로 광범위하게 수용되는 데 크게 기여했다. OECD의 AI 정책 권고사항들은 종종 G7 회의에서 논의되고, G7의 AI 관련 결정에 반영된다. G7의 주도로 글로벌 인공지능 협의체인 GPAI(Global Partnership on Artificial Intelligence)가 설립되었지만, 그 사무국은 OECD에 있으며 OECD는 GPAI의 운영을 지원하며, GPAI의 활동에 전문성을 제공한다.

OECD 또한 2016년 OECD 기술 예측 포럼에서 AI의 경제 사회적 영향에 대한 논의를 시작하여 2018년에는 회원국을 대상으로 AI 전문가 그룹을 구성·운영하여 『OECD AI 원칙』을 수립하였다. OECD의 AI 원칙은 42개국이 서명한 세계 최초의 정부 간 AI 원칙으로 그 의의가 있다. 2022년에는 AI 시스템 평가 프레임워크를 발표하며, 2023년에는 G7 히로시마 AI 프로세스 관련 보고서를 발간하였다.

글로벌 인공지능 협의체

2018년 G7 정상회의에서 AI 관련 국제적인 협의체 건설이 필요하다는 인식하에 캐나다와 프랑스를 중심으로 협의체 설립을 촉구하였다. 이에 2020년 G7 과학기술장관 공동선언문을 통해 GPAI의 공식 출범이 선언되었다.

GPAI는 AI의 책임 있는 개발과 사용 촉진, AI 기술과 정책에 대한 국제적 협력 강화, AI의 윤리적 · 법적 · 사회적 영향에 대한 이해 증진을 목적으로 참여국 전문가들로 구성되었으며, AI 기술에 대한 연구 및 정책 제안, 회원국 확대를 통한 협력 강화 등을 목표로 하고 있다. 한국도 초대 협의체 구성원으로 필자를 포함하여 4명으로 시작하였다.

국제연합

UN(국제연합)은 AI의 윤리적 사용과 인권 보호, 지속 가능한 발전 목표 달성을 위한 AI 활용 등에 초점을 맞추고 있다.

2017년 국제전기통신연합(ITU)이 "선한 목적을 위한 AI(AI for Good)" 글로벌 서밋을 개최하였다. 서밋은 AI 기술을 활용하여 전 세계의 사회 문제를 해결하고 유엔의 지속가능발전목표(SDGs)를 달성하고자 개최되었다. 이 프로그램은 AI 기술의 잠재력을 극대화하여 인류의 삶을 개선하는 것을 지향하며, 전 세계 정부, 국제기구, 학계, 산업계가 참여해 아이디어를 공유하는 글로벌 플랫폼 역할을 하고자 한다.

2021년 UN 사무총장은 '국제 인공지능 감시기구' 설립의 필요성을 제안하고, 이를 지원하기 위해 AI 고위급 자문기구(AI Advisory Body)를 출범시켰다. 그리고 유네스코를 통해 AI 윤리 권고안(Recommendation on the Ethics of Artificial Intelligence)을 채택하였다. 이는 최초의 글로벌 AI 윤리 가이드라인으로, 193개 유네스코 회원국이 만장일치로 채택했다. 이 권고는 데이터 보호, AI 시스템을 사용한 사회 평가 및 대중 감시 금지, 모니터링 및 평가 지원, 환경 보고 등 AI 기술의 개발과 사용에서 윤리적 기준을 준수할 수 있도록 가이드라인을 제시하였다.

AI 안전 연구소

AI의 급속한 발전으로 인해 다양한 위험에 대한 우려가 고조되고 있다. AI가 인류에게 미칠 수 있는 잠재적 위협은 단순한 기술적 오류를 넘어서 사회적 위험이라는 인식이 확산하고 있다. AI 생성 콘텐츠로 인한 허위 정보의 확산이 2024년 미국 대선과 같은 중요한 정치적 이벤트에 심각한 영향을 미칠 수 있다는 우려가 제기되고 있다. 또 AI 기반 사이버 공격의 증가, 개인정보 침해 문제, AI의 편향성으로 인한 차별 등 다양한 문제들이 현실화하고 있다.

2023년 영국의 영국 블레츨리 파크에서 개최된 AI 안전 정상회의(AI Safety Summit)를 필두로 영국, 미국, 일본, 캐나다, 프랑스, 한국 등의 각 국가가 AI 안전 연구소를 설립하기 시작했다. AI 안전 정상회의(AI Safety Summit) 참여국은 블레츨리 선언(Bletchley Declaration)으로 AI의 기회를 활용하기 위해서는 프런티어 AI 기술의 위험을 연구하고 이해하며 완화하기 위한 국제적 노력이 필요하다는 점을 인정하였으며 AI 안전 연구소 설립 계획을 발표하였다. 영국은 프런티어 모델 태스크포스를 영구적인 AI 안전 연구소로 전환할 계획을 밝혔으며, 이 연구소는 프런티어 시스템을 평가하고 AI 안전 연구를 발전시키며 전 세계 정부, 민간 기업, 시민사회 단체 간의 정보 공유를 촉진하는 역할을 할 예정이다.

2024년 5월, 한국과 영국의 공동 주최로 서울에서 개최된 AI 서울 정상회의는 영국의 AI 안전 정상회의의 후속 회의로 진행되었다. 이 회의를 통해 참가국들은 AI 안전 연구소 간의 협력을 강화하기 위한 의향서에 서명했으며, AI 안전 연구소 네트워크를 확대하기로 하였다. 영국, 미국, 일본에 이어 한국, 캐나다도 AI 안전 연구소 설립 계획을 발표하였으며 EU도 AI 사무소를 통해 이 네트워크에 참여할 의사를 밝혔다.

국가별 AI 안전 연구소 설립과 협력 네트워크 확대는 무엇보다 국제적 협력을 통한 AI 위험 대응 능력을 강화할 수 있다. 즉, AI 안전 연구소 간의 국제적 네트워크를 구축하여 정보와 경험을 공유함으로써, 글로벌 차원에서 AI 위험에 대한 대응 능력을 향상할 수 있다. 또한 AI 윤리 및 규제 프레임워크 개발을 가속할 수 있다. AI 안전연구소의 연구 결과를 바탕으로, AI 윤리 지침과 규제 프레임워크를 보다 신속하고 효과적으로 개발하는 것이 가능하다.

AI 안전 연구소를 설립한 영국, 일본, 미국 들의 운영 현황에 대해 더 상세히 설명하면, 영국은 처음으로 AI 안전 연구소(UK AI Safety Institute, AISI)를 2023년 4월에 설립하였으며, 고급 AI 시스템의 안전한 개발 보장, AI 시스템 평가 수행, 기초 연구 추진 및 정보 공유 촉진 등을 주요 목표로 한다. 주목할 만한 성과로, 영국 AISI는 오픈AI, 딥마인드(DeepMind), 앤스로픽(Anthropic) 등 주요 AI 기업들과 협약을 맺어 연구 목적으로 이들의 AI 모델에 접근할 수 있는 권한을 확보했다. 최근 주요 진전 사항으로는 AI 모델 안전성 테스트 결과를 처음 공개했다는 점이다. AISI는 5개의 주요 AI 모델을 대상으로 사이버 보안, 화학, 생물학적 능력, 안전장치의 효과성을 평가하였으며 그 결과를 공개하였다. 비록 모델의 이름과 해당 기관을 명시하지는 않았지만, 평가 결과 공개는 AI 안전성에 대한 투명성을 높이고, 향후 AI 개발 및 규제 정책에 중요한 정보를 제공할 것으로 예상된다. 또한, 이 결과는 국제적인 AI 안전 협력을 위한 기초 자료로 활용될 수 있을 것이다.

일본의 AI 안전 연구소는 2024년 1월 정보처리진흥기구(IPA) 내에 설립되었으며 주요 기능과 목표로서 AI 리스크 평가 소프트웨어 개발 지원, AI 기업 인증 기관 역할 수행, 미국 및 영국과의 국제 협력 추진, AI 안전성 평가를 위한 기준 및 표준 연구 수행 등이 있다. 일본의 AI 안전 연구소는 내각부, 내각관방, 경찰청, 디지털청, 총무성, 외무성, 문부과학성, 경제산업성, 방위성 등 다양한 정부 부처와 기관들이 협력하여 설립하였다.

미국의 AI 안전 연구소(U.S. AI Safety Institute, AISI)

는 2024년 2월 국립표준기술연구소(NIST) 산하에 설립되었다. 이 연구소의 주요 목표는 첫째, AI 모델의 안전성, 보안성, 테스트 방법 개발, 둘째, AI 생성 콘텐츠 인증 표준 개발, 그리고 새로운 AI 모델의 위험성 평가를 위한 테스트 환경 제공이다. AISI는 약 1천만 달러의 예산을 배정받아 운영되고 있으며, 앤스로픽, 오픈AI 등 주요 AI 기업들과 연구 협력 협약을 체결했다. 이를 통해 새로운 AI 모델에 대한 접근권을 확보하여, 공개 전후의 모델을 평가하고 안전성 개선에 대한 피드백을 제공할 예정이다. 주된 역할로서, AI 시스템 평가 개발 및 수행, 기초 AI 안전 연구 추진 등이 포함되며, 2백 개 이상의 기업들과 협력하여 레드팀을 운영하며 이를 통해 AI 시스템의 취약점을 식별하고 위험 완화 전략을 개발하는 데 주력할 예정이다. 또 AISI는 국제 협력에도 적극적으로 나서고 있다. 영국 AI 안전 연구소와 협력하여 고급 AI 모델에 대한 안전성 테스트를 개발하고 있으며, 글로벌 AI 안전 연구소 네트워크 구축을 위한 초기 단계의 노력도 진행 중에 있다.

이처럼 미국, 일본, 영국의 AI 안전 연구소들은 각국의 특성에 맞게 운영되면서도, 국제 협력을 통해 AI 기술의 안전한 발전과 위험 완화를 위해 노력하고 있다. 이들

연구소의 활동은 향후 AI 기술의 발전 방향과 글로벌 AI 거버넌스 구축에 중요한 역할을 할 것으로 기대된다.

참고문헌

유재홍 외(2024). 해외 AI안전연구소 추진 현황과 시사점. 소프트웨어정책연구소, https://www.spri.kr/posts/view/23760?code=data_all&study_type=issue_reports

Carnegie Endowment for International Peace(2024). The Importance of AI Safety Institutes, https://carnegieendowment.org/posts/2024/06/the-importance-of-ai-safety-institutes?lang=en

Carnegie Endowment for International Peace(2024). The Future of International Scientific Assessments of AI's Risks. https://carnegieendowment.org/research/2024/08/the-future-of-international-scientific-assessments-of-ais-risks

DFKI(2024). Making Germany AI-proof in the years to come. https://www.dfki.de/en/web/news/making-germany-ai-safe-in-the-years-to-come

Ministry of Foreign Affairs, Republic of Korea(2024). Seoul Declaration For Safe, Innovative And Inclusive Ai By Participants Attending The Leaders' Session Of The Al Seoul Summit, 21st MAY 2024, https://lby.mofa.go.kr/eng/brd/m_5674/view.do?seq=321007

Ryan Browne(2024). Britain expands AI Safety Institute to San Francisco amid scrutiny over regulatory shortcomings.

CNBC,
https://www.cnbc.com/2024/05/20/britain-expands-ai-safety-institute-to-san-francisco-home-of-openai.html

Schwartz Reisman Institute for Technology and Society. (2024). What might the Canadian AI Safety Institute look like? Reflections on an emerging national AI safety regime. https://srinstitute.utoronto.ca/news/reflections-canadian-ai-safety-institute

04
국가별 AI 행동

미국의 AI 정책 및 규제 접근 방식은 민간 영역에서 AI 기술의 활용을 관찰하고, 발생하는 문제와 논란에 대응하는 방식으로 이루어지고 있다. 그러다 보니 자율 규제 및 기술 표준화가 장려되고 법 제정보다 행정 명령, 가이드라인 우선으로 진행되고 있다. 반면에 유럽연합은 포괄적이고 일률적인 규제 방식을 취하고 있다. 유럽연합의 AI 법이 대표적이다. 미국과 유럽연합은 각자의 방식으로 AI를 촉진 및 규제하고 있으며, 그들의 정책은 글로벌 AI 시장에 큰 영향을 미친다.

미국

미국은 AI의 발전과 함께 이를 효과적으로 관리하기 위해 다양한 정책과 규제를 도입하고 있다. 최근 몇 년 동안 AI가 급격히 발전함에 따라, 미국 정부와 규제 기관은 AI가 가져올 수 있는 긍정적 및 부정적 영향을 고려하여 다양한 접근 방식을 시도하고 있다.

미국의 AI 정책 및 규제 접근 방식은 포괄적이고 일률적인 규제보다는 시장과 민간 부문에서 AI 기술이 실제로 어떻게 활용되고 있는지를 관찰하고, 발생하는 문제와 논란에 대응하는 방식으로 이루어지고 있다. 이를 후행적 규제 접근이라고도 할 수 있다. 그러다 보니 자율규제 및 기술 표준이 주로 권장되고 있다. 기술 기업들이 자체적으로 윤리 가이드라인을 수립하고, AI 기술의 개발 및 배포 과정에서 이를 준수하도록 요구하고 있다.

AI 기술의 문제점이 명확히 드러났을 때, 미국은 후행적으로 입법을 추진하는 경향이 있다. 2020년에 발의된 「알고리즘 책임법(Algorithmic Accountability Act)」은 AI 시스템의 편향성과 차별 문제를 해결하기 위해 마련된 법안으로, AI 기술이 실제로 활용되는 과정에서 발생한 문제를 바탕으로 입법이 이루어진 사례라고 할 수 있다.

미국의 주요 AI 관련 행동 중 주요한 사항은 「AI 안전, 보안 및 신뢰성 행정 명령(Executive Order on Safe, Secure, and Trustworthy AI)」, 국립표준기술연구소(National Institute of Standards and Technology)의 「AI 위험 관리 프레임워크(AI Risk Management Framework)」, 「국가 AI 이니셔티브 법 (National AI Initiative Act)」 등이다.

AI 안전, 보안 및 신뢰성 행정 명령

AI 기술의 빠른 발전은 많은 이점을 제공하지만, 동시에 안전성과 신뢰성에 대한 우려를 불러일으켰다. 특히, 고위험 AI 시스템이 잘못 사용되거나 오용될 경우 심각한 사회적, 경제적 영향을 미칠 수 있다. 이에 따라, 바이든 행정부는 AI 시스템의 안전성과 신뢰성을 보장하고자 행정 명령을 발표했다.

이 행정 명령은 고위험 AI 시스템의 정부 고지를 의무화하여 국가 안보와 경제 안보에 큰 영향을 미치는 AI 모델은 훈련 단계에서부터 정부에 고지하고, AI 레드팀의 안전성 평가를 받게끔 하였다. 두 번째로 AI 시스템의 투명성 강화하게끔 AI 시스템의 의사 결정 과정과 사용 데이터를 투명하게 공개하도록 의무화하였고, AI로 생성된 콘텐츠 식별을 위한 워터마크 적용 의무화 방안을 마련하여, 가짜 뉴스 및 허위 정보의 확산을 방지한다. 또한 AI 시스템이 개인정보를 수집, 저장, 처리하는 방식에 대한 엄격한 규정을 마련하여, 프라이버시를 보호하고 데이터 오용을 방지 등의 내용을 담고 있다.

국립 표준 기술 연구소의 AI 위험 관리 프레임워크

AI 위험 관리 프레임워크(AI RMF)는 AI 시스템의 설계, 개발, 배포, 사용 시 발생할 수 있는 다양한 위험을 관리하고 신뢰할 수 있는 AI 시스템 개발을 촉진하기 위해 마련되었다. 이 프레임워크는 조직들이 자발적으로 채택하여 사용할 수 있으며, 권리 보호와 비영리, 비섹터적, 특정 사용 사례에 구애받지 않는 접근 방식을 제공하며, 국제 표준과의 정렬을 최우선 과제로 삼고 있다. AI 시스템을 설계 · 개발 · 도입하는 조직을 위한 가이드 문서로서 2023년 1월 발표 이후 계속 갱신되고 있다.

최근, 이 프레임워크는 국제 표준과의 정렬 및 관련 표준과의 연계가 중요하다는 인식하에 표준, 지침, 프레임워크 간의 관계나 차이점을 비교하고 분석하는 '연계 분석(crosswalk)'을 제공하고 있다.

미국 국립표준기술연구소(NIST)는 2023년 1월, AI 위험 관리 프레임워크(AI Risk Management Framework, RMF)의 신뢰성 특성과 OECD AI 권고 사항, EU의 AI 법안, 연방 정부의 AI 활용 촉진에 관한 행정 명령, AI 권리 장전 청사진 등과 연계 분석 등 OECD, EU 등과의 연계 분석 현황을 발표하였다. 2023년 10월에는 싱가포르의 AI 입증소(AI Verify)와의 연계 분석 현황을 발표하였으며, 일본 사업자를 위한 AI 가이드라인 연계 분석 현황도 발표하였다.

국가 AI 이니셔티브 법

국가 AI 이니셔티브 법(National AI Initiative Act)은 미국이 AI 기술의 세계적 리더십을 유지하고, AI 연구 및 개발(R&D)을 촉진하며, AI 기술의 안전하고 책임 있는 사용을 보장하기 위해 제정된 법안이다. 2020년 12월에 법으로 제정되어 AI 관련 활동을 조정하고 촉진하기 위한 종합적인 전략을 제공한다. 주요 내용은 연방 정부 내 AI 관련 활동을 조정하고 중복 투자를 방지하기 위한 컨트롤 타워 역할을 수행할 국가 AI 이니셔티브 사무국및 국립 AI 연구소를 두어, 다양한 연구 지원 프로그램을 통해 AI 기술의 윤리적이고 신뢰할 수 있는 발전을 도모한다는 것이다. AI 기술의 윤리적 사용을 보장하기 위해 다양한 윤리 지침을 마련하고 AI 기술 표준화 및 규제를 통해 안전하고 신뢰할 수 있는 AI 시스템을 구축하고자 한다.

유럽연합

유럽연합(EU)은 AI 기술의 발전과 활용을 촉진하면서도, 그로 인한 잠재적 위험을 최소화하기 위해 다양한 정책과 규제를 도입하고 있다. EU는 입법을 통해 기본권과 가치를 보호하는 강력한 전통을 따르며, 회원국에 공통 적용이 가능하고 교역국까지 구속력을 적용하려다 보니 포괄적이고 넓은 범위에서 규제를 마련하고 있다.

EU의 AI 법안

EU AI 법안(EU AI Act)은 AI 시스템의 안전성과 신뢰성을 보장하기 위해 EU 집행 위원회가 마련한 포괄적인 규제안이다. 이 법안은 AI 기술의 위험을 네 가지 수준으로 분류하여 규제한다. '허용할 수 없는 위험(Unacceptable Risk)', '고위험(High Risk)', '저위험(Limited Risk)', '최소한의 위험(Minimal Risk)'이다.

허용할 수 없는 위험은 사람의 안전과 권리를 심각하게 위협하는 것으로 간주하여 사용이 전면 금지되는 AI

시스템을 의미한다. 즉, 사람의 무의식적 행동이나 의사 결정에 영향을 미치는 기술, 특정 집단이나 개인의 취약성을 악용하는 AI 기술, 불공정한 처우 또는 사회적 점수 평가를 목적으로 하여 차별을 조장하는 AI 시스템, 공공 장소에서 실시간으로 사람을 식별하는 생체 인식 시스템은 금지한다.

고위험 AI 시스템은 사람의 건강, 안전, 기본권에 중대한 영향을 미칠 수 있는 시스템으로, 여기에 해당하는 AI 시스템들은 엄격한 규제를 준수해야 하며, 개발자는 위험 평가, 데이터 관리, 기록 유지, 투명성 확보 등의 요건을 충족해야 한다. 대표적으로 의료 기기, 자율주행 차량, 인프라 안전 관리 시스템, 대규모 온라인 플랫폼의 추천 시스템 등이 있다.

저위험 AI 시스템은 비교적 낮은 수준의 위험을 포함하며, 주로 사용자에게 투명성을 제공하는 데 중점을 둔다. 챗봇과 같은 기본적인 대화형 AI 시스템, 고객 서비스 지원 AI 등이 해당하며, 이러한 AI 시스템은 사용자에게 AI 시스템이 작동 중임을 명확히 알리고, 의사 결정 과정과 결과에 대한 설명을 제공해야 한다. 그리고 자율적인 행동 강령을 마련하여 윤리적 사용을 촉진해야 한다.

최소한의 위험을 가진 AI 시스템은 거의 모든 상황에서 사용해도 안전하며, 위험이 매우 낮은 시스템이다. 스팸을 거르는 필터링 시스템, 게임에 반영되는 AI 등이 해당하며 별도의 규제 요건이 없으며, 일반적인 법규를 준수하면 되지만 기본적인 안전과 보안 조치를 하길 권장한다. 2024년 8월 현재 이 법은 발효가 되었으며 위반 시 과징금 및 행정 제재가 부과된다.

AI 사무소

최근 설립된 AI 사무소(EU AI Office)는 세계 최초라 이야기하는 EU의 AI 관련 규정인 AI 법을 시행하기 위한 추진 기관이다. EU 국가 및 전문가들과 협력하여 AI 설루션(solution)의 성장과 안전한 사용을 촉진하는 동시에 AI 리스크를 완화하는 것을 목표로 하고 있다.

AI 오피스는 범용 AI 모델에 대한 규정을 모니터링하고 시행, 신뢰할 수 있는 AI의 개발과 사용을 촉진, 경제 부문에서 제너레이티브 AI를 통한 혁신을 촉진, EU 국가와 EU 내 전문가 집단 간의 협력 촉진하는 등의 의제를 수행하며 이는 EU 내 AI 거버넌스의 중대한 변화를 의미한다.

EU의 AI 주요 활동

EU는 2018년 4월, '유럽을 위한 AI(AI for Europe)'라는 제목으로 유럽의 AI 전략을 발표하였다. 이 전략은 AI 개발과 채택을 촉진하고, AI에 대한 신뢰를 높이며, AI의 윤리적 사용 보장을 목표로 한다. 이듬해 2019년에는 AI 개발과 사용에서의 윤리적 원칙을 설정하는 신뢰할 수 있는 AI 윤리 가이드라인을 발표하였다.

2020년에는 AI 백서를 제작 발표하였는데, AI 기술의 규제와 발전을 위한 포괄적인 접근 방식을 제시하고 AI의 윤리적 문제, 법적 책임, 데이터 관리에 대한 논의를 포함하고 있으며 향후 AI 법안의 기초가 되었다. EU 집행 위원회는 AI 시스템에 대한 포괄적인 규제안을 제안하고 AI의 위험 수준에 따라 규제를 차별화하고, '허용할 수 없는 위험'을 가진 AI 시스템을 엄격히 금지하는 내용을 포함한 법안을 2021년 제안하여 이 법안은 2024년 EU 의회를 통해 법적 효력을 갖게 되었다.

05
협업을 위한 글로벌 행동

AI는 인류의 미래를 형성할 중요한 요소이며, 국가 경계를 넘어 전 세계에 걸쳐 영향을 미치는 기술이다. 이러한 기술의 발전은 단지 한 나라의 이익을 위한 것이 아니라, 전 세계 인류의 번영과 안전을 위해 협력적인 노력이 필요하다. AI 기술이 가져오는 기회와 도전 과제를 균형 있게 관리하기 위해서는 각국이 협력하여 기술 표준을 마련하고, 윤리적 가이드라인을 설정하며, 글로벌 거버넌스를 강화해야 할 것이다. 이러한 협력은 AI 기술의 책임 있는 발전과 인류의 공동 번영을 보장하는 데 핵심적인 역할을 할 것이다.

협업이 왜 필요한가?

AI 분야에서의 국제 공동 연구 프로젝트의 중요성과 그 증가 추세는 현대 과학 연구의 핵심적인 특징이다. 프리시던스 조사원(Precedence Research, 2023)에 따르면 1980년 전 세계 연구 논문 중 국제 협력 논문의 비율이 4.7%에 불과했던 것이 2021년에는 25.7%로 많이 증가했다. 미국 국립과학공학통계센터(NCSES, National Center for Science and Engineering Statistics)에 따르면, AI 분야의 국제 공동 연구도 꾸준히 증가하고 있으며 2003년부터 2022년까지 주요 국가들의 AI 국제 공동 연구 비율이 상승했는데, 영국은 36%에서 66%로, 미국은 24%에서 39%로, 독일은 37%에서 42%로, 일본은 15%에서 28%로 증가했다. 이러한 추세는 AI 분야에서 국제 협력이 필수임을 시사한다.

그러나 동시에, AI 개발에서의 국가 간 경쟁 현실을 인정해야 한다. 각 국가는 고유의 경쟁력 강화를 위해 노력하고 있으며, 이는 AI 기술 발전에 기여하고 있다. 따라서 국가 간 경쟁과 협력의 균형을 맞추는 것이 중요하다. 특히 기후 변화, 팬데믹 대응과 같이 모든 국가가 혜택을 볼 수 있는 영역에서의 협력을 강조해야 한다. 이를 위해, 경쟁과 협력의 균형을 위한 구체적인 전략을 제시하고 국제기구를 통한 협력 메커니즘을 마련하여 개별 국가의 이익과 글로벌 이익 사이의 조화를 이루어야 한다.

글로벌 AI 협업 분야

AI 협업의 영향력은 단순히 기술 분야에 국한되지 않고, 경제, 사회, 정치, 윤리 등 다양한 영역에 걸쳐 있다. 이에, AI 기술이 발전함에 따라 전 세계적으로 협업이 필수인 이유를 기술적, 윤리적, 경제적 측면에서 고찰하였다.

기술적 측면

AI 기술의 복잡성과 학제적 특성으로 인해 글로벌 협업의 필요성이 증대되고 있다. AI 시스템 개발에는 컴퓨터 과학, 수학, 인지과학, 언어학 등 다양한 분야의 전문 지식이 요구되며, 이는 단일 국가나 기관이 독자적으로 해결하기 어렵다.

글로벌 데이터 공유의 중요성도 간과할 수 없다. AI 모델의 성능은 학습 데이터의 양과 질에 크게 의존하므로, 국제적인 데이터 공유 체계 구축이 필요하다. 예를 들어, 의료 AI 분야에서 국제 암 연구소(IARC)의 '세계 암 관측소(Global Cancer Observatory, GLOBOCAN)'

프로젝트는 전 세계 암 발생률과 사망률 데이터를 공유하여 AI 기반 암 진단 및 예측 모델 개발에 기여하고 있다.

기술 표준화 역시 글로벌 협업이 필요한 영역이다. 국제 전기 전자기술자협회(IEEE)의 『자율 및 지능형 시스템의 윤리에 관한 글로벌 이니셔티브(Global Initiative on Ethics of Autonomous and Intelligent Systems)』는 AI 시스템의 윤리적 설계와 개발을 위한 국제 표준을 제정하는 데 중요한 역할을 하고 있다.

윤리적 측면

AI 윤리 가이드라인의 국제적 합의는 AI 기술의 책임 있는 발전과 사용을 위해 필수적이다. 유네스코의 「인공지능 윤리에 관한 권장안(Recommendation on the Ethics of Artificial Intelligence)」은 192개 회원국이 합의한 최초의 글로벌 AI 윤리 기준으로, AI 개발하고 사용하는 데 인권과 기본적 자유를 보호하는 내용을 담고 있다.

AI가 효과적이고 의미 있으려면 다양한 이해관계자의 포괄적인 참여가 필수적이다. 특정 산업, 특정 정당, 특정 이익 집단에 치우치지 않고 다중 이해관계자가 참여하는 공공의 이익을 우선시하는, 즉, 편향성과 차별 방지를 위한 공동 노력이 중요하다. 예를 들어, 마이크로소프트, 구글, 아이비엠(IBM) 등 주요 기업들이 참여하는 'AI 공정성 360(AI Fairness 360)' 오픈소스 프로젝트에서는 AI 모델의 편향성을 감지하고 완화하기 위한 알고리즘과 도구를 공동으로 개발하고 있다.

프라이버시와 데이터 보호에 대한 국제 규범 수립도 시급한 과제다. EU의 일반 데이터 보호 규정(GDPR)은 개인정보 보호에 대한 국제 기준을 제시하고 있으며, 많은 국가가 이를 참조하여 자국의 법규를 정비하고 있다.

경제적 측면

AI 기술의 경제적 영향과 국가 간 격차는 국제 협력의 필요성을 더욱 부각한다. 매킨지 글로벌 연구소의 보고서에 따르면, AI 기술은 2030년까지 전 세계 경제에 13조 달러의 가치를 더할 것으로 예측되지만, 이 혜택이 모든 국가에 균등하게 분배되지는 않을 것으로 보인다.

글로벌 AI 시장의 공정 경쟁 환경 조성을 위해서는 국제적인 협력이 필수적이다. 예를 들어, OECD의 『AI 원칙』은 AI 개발과 사용에 투명성, 안전성, 책임성을 강조하며, 이는 공정한 시장 환경 조성에 기여하고 있다.

AI 기술 이전과 지식 공유의 경제적 이점도 주목할 만하다. 세계 지식재산 기구(World Intellectual Property Organization, WIPO)의 'WIPO 기술 및 혁신 지원 센터 프로그램(Technology and Innovation Support Centers)' 프로그램은 개발도상국의 AI 기술 접근성을 높이고, 지식 격차를 줄이는 데 기여하고 있다.

안보 및 국제 평화 측면

AI의 발전은 군사 및 안보 분야에서 새로운 전략적 도전을 초래하며, 이는 글로벌 협력 없이는 관리하기 어려운 문제로 자리 잡고 있다. 특히 자율 무기 시스템과 같은 군사 AI 기술은 각국의 안보에 큰 변화를 가져올 수 있으며, 이러한 무기들이 국제적인 규제 없이 사용될 경우 전쟁의 양상과 규모를 크게 변화시킬 위험이 있다.

국제 사회는 AI와 관련된 안보 문제를 해결하기 위해 협력하고자 노력하고 있다. 유엔의 특정 재래식 무기 금지 협약(Convention on Certain Conventional Weapons, CCW) 내에서는 자율 무기 시스템 규제를 위한 논의가 활발히 진행 중이다(UN, 2020). 이러한 논의는 AI 기술이 적용된 무기 시스템의 윤리적 · 법적 기준을 수립하는 데 중요한 역할을 하고 있으며, 국가 간 군사 AI의 오용 방지 및 무기화 제한에 기여하고 있다.

AI가 국제 평화 유지에 기여할 수 있는 잠재력을 극대화하기 위해서는 인도주의적 지원과 개발에 AI를 활용하려는 공동의 노력이 요구된다. 예를 들어, 국제적십자사는 재난 구호 및 긴급 상황에서 AI를 활용하여 구호 물품 분배 및 구조 활동을 효율화하려는 방안을 연구하고 있다. 이를 통해 AI는 평화 유지와 안보 강화에 긍정적인 역할을 수행할 수 있으며, 이 같은 협력적 접근은 국제사회의 공동 목표로서 중요한 의미를 지닌다.

안보와 평화를 위한 이러한 국제 협력은 AI 기술이 가져올 수 있는 부정적인 영향을 완화하고, 세계적으로 공공의 이익을 증진하는 데 중대한 역할을 하고 있다.

협업의 장애 요인과 해결 방안

AI는 글로벌 사회와 경제에 걸쳐 혁신과 변화를 촉진하고 있지만, 국제적인 협력에는 다양한 장애 요인이 존재한다. 이러한 장애 요인들은 국가 간의 정책적·기술적·경제적 차이로 인해 발생하며, AI 연구 및 발전의 진전을 저해할 수 있다. AI 기술은 데이터의 집합과 분석을 통해 발전하므로, 데이터 공유와 프라이버시, 기술 격차와 불평등, 국가 간 이해관계 충돌 등 여러 측면에서의 협력이 필수다.

이 과정에서 다자 간이든 양자 간이든 협력은 중요하다. 특히 개별 국가가 아닌 국제적인 차원에서의 협력이 효과적일 수 있으며, 이러한 협력을 촉진하고 조정하는 독립된 기구의 필요성도 강조된다. 이러한 기구는 다양한 국가와 이해관계자 간의 조율을 도모하며, 공정하고 투명한 AI 개발을 위한 국제적 기준을 수립하는 역할을 할 수 있다. 하지만 이러한 협력에는 여러 장애 요인이 존재하며, 이에 대한 해결 방안을 모색하는 것이 중요하다.

데이터 공유와 프라이버시 문제, 기술 격차와 불평등, 국가 간 이해관계 충돌 등의 세 가지 요소가 AI 협력에서 핵심 장애 요인이며, 서로 다른 측면에서 협력의 복잡성을 보여 주기에 주요하게 살펴봐야 할 것이다.

데이터 공유와 프라이버시 문제

데이터는 AI 기술의 발전에 필수 자원이다. AI 모델의 성능은 대규모 데이터의 수집과 분석을 통해 결정되기 때문에, 데이터의 이동과 공유는 AI 협력에서 중요한 역할을 한다. 그러나 국가 간 데이터 이동에 대한 규제는 AI 협력에 심각한 걸림돌이 되고 있다. 각국은 자국민의 개인정보 보호와 데이터 주권을 강화하기 위해 다양한 법적 규제를 마련하고 있다. 예를 들어, 중국의 「사이버 보안법」은 중국 내에서 수집된 개인정보의 해외 이전을 엄격히 제한하고 있으며, 이는 국제적인 AI 연구 협력에 큰 어려움을 초래하고 있다. 유럽연합의 일반 데이터 보호 규정(GDPR)도 데이터의 국경 간 이동에 대한 엄격한 규정을 포함하고 있어, 국제적 데이터 공유에 제약을 가하고 있다.

이러한 데이터 주권 문제는 AI 협력의 핵심 장애 요인 중 하나로, 국가들이 데이터를 자유롭게 공유하기 어렵게 만든다. 국가 간의 데이터 이동과 공유를 촉진하기 위해서는 데이터 주권을 침해하지 않으면서도 데이터를 안전하게 사용할 수 있는 해결책이 필요하다.

이를 해결하기 위한 여러 기술적, 제도적 접근이 제안되고 있다. 우선, 연합 학습(Federated Learning)과 같은 기술이 주목받고 있다. 연합 학습은 데이터를 중앙 서버에 모으지 않고, 각국의 데이터 센터나 개별 디바이스에서 AI 모델을 학습시키는 방식이다. 이렇게 학습된 모델의 파라미터만을 중앙에서 통합함으로써, 원본 데이터가 국경을 넘어 이동하지 않도록 하면서도 협력적인 AI 모델 개발이 가능해진다. 이는 데이터 주권을 유지하면서도 국제적인 AI 협력을 촉진할 방법이다.

또 프라이버시 강화 기술(Privacy-Enhancing Technologies, PETs)은 데이터 공유와 분석 과정에서 개인정보를 보호하는 중요한 도구가 될 수 있다. 차등 프라이버시(Differential Privacy), 동형 암호화(Homomorphic Encryption)와 같은 기술들은 데이터를 보호하면서도 분석할 수 있게 해 준다. 이를 통해 각국은 데이터 주권을 침해하지 않고도 데이터를 안전하게 활용할 수 있다.

데이터 신탁(Data Trusts)과 같은 제도적 접근도 데이터 주권 문제를 해결하는 데 기여할 수 있다. 데이터 신탁은 데이터를 안전하게 관리하고, 신탁된 데이터를 활용해 협력적인 연구와 개발을 가능하게 한다. 이 방법은 데이터 소유자가 데이터에 대한 권한을 유지하면서도 데이터를 공유할 방안을 제공한다.

마지막으로, 국제적인 데이터 공유 프레임워크의 개발이 필요하다. 이러한 프레임워크는 일반 데이터 보호 규정(GDPR)과 같은 국제적 규제를 기반으로 하여, 각국의 데이터 주권을 존중하면서도 데이터를 안전하게 공유할 수 있는 글로벌 기준을 설정할 수 있다. 데이터 샌드박스(Data Sandboxes)와 같은 제한적 환경에서의 데이터 공유도 검토할 수 있다. 이는 데이터를 보호하면서도 특정 연구 목적으로 제한된 환경 내에서만 데이터를 활용할 수 있게 하여, 데이터 주권과 국제 협력 간의 균형을 맞추는 방법이다.

결론적으로, 데이터 주권 문제를 해결하면서도 AI 협력을 강화하기 위해서는 기술적 혁신과 제도적 접근이 병행되어야 한다. 이러한 방안들은 데이터의 안전한 이동과 공유를 가능하게 하여, 글로벌 AI 발전에 기여할 수 있을 것이다.

기술 격차와 불평등

글로벌 국가 간의, 특히 선진국과 개발도상국 간의 AI 기술 격차는 심각한 문제로 대두되고 있다. 스탠퍼드 대학교의 『AI 지수 2023 연례보고서』에 따르면 전 세계 AI 관련 특허 출원의 약 70%가 미국, 중국, 일본, 한국, 독일 등 상위 5개국에 집중되어 있고, AI 연구 논문 발표 수에서도 극명한 차이를 보여 주는데, 상위 10개국이 전체 AI 논문의 약 80%를 차지하고 있어, 개발도상국들의 AI 연구 역량이 현저히 뒤처지고 있음을 시사하고 있다.

리카이푸는 『AI 슈퍼파워』에서 미국과 중국을 두 AI 초강국이라 일컬으며 두 국가와 나머지 국가들 간 격차를 우려하고 있다. AI는 기술도 산업도 자연스레 독점 체제로 향하고 있으며 AI 발전이 가지는 특유의 높은 데이터 의존도는 더 좋은 제품이 더 많은 이용자를 이끌고, 더 많은 이용자가 더 많은 데이터를 이끌고, 더 많은 데이터가 훨씬 좋은 제품과 훨씬 많은 이용자와 데이터로 이어지는 영원한 순환 고리를 만들어 다른 기업들은 넘어서기 힘든 거대한 진입 장벽이 만들어진다고 주장한다.

아난드 라오(Anand Rao)에 따르면 2030년에 AI가 세계에 새로 창출할 경제적 가치는 15.7조 달러고 미국과 중국이 그중 70%를 차지할 것이라고 한다.

국가 간 이해관계 충돌

AI 기술은 경제적 · 군사적 우위를 좌우하는 핵심 기술로 인식되며, 이 경쟁은 특히 강대국 간의 기술 패권 다툼을 중심으로 전개되며, 이는 다른 국가들에도 복잡한 도전을 안겨 주고 있다. 이러한 요인들은 글로벌 AI 발전의 방향성과 협력의 기회를 제한하고 있다.

각국은 자국의 기술적 우위를 확보하기 위해 독자적인 AI 기술 표준을 개발하고 있으며, 이는 AI 관련 데이터 관리, 윤리, 알고리즘 투명성 등에 대한 국가 간 접근 방식을 상이하게 만든다. 이러한 표준의 불일치는 글로벌 AI 협력에 필요한 공통 기준을 설정하는 데 큰 걸림돌이 된다. 결과적으로, 다국적 AI 프로젝트나 연구 협력의 기회가 축소되며, 글로벌 AI 발전 속도가 저해될 수 있다.

또 AI 기술이 국가 안보의 중요한 요소로 인식되면서, 각국은 기술 수출을 통제하거나 제한하는 정책을 채택하고 있다. 이러한 기술 보호주의는 다른 국가들이 최신 AI 기술에 접근하는 것을 어렵게 만들고, AI 기술의 글로벌 확산을 저해한다. 경쟁이 심화함에 따라, 주요 AI 강국들은 제3국과의 AI 협력을 제한하거나 조건부로 허용하는 경향을 보이며, 이는 AI 기술의 공유와 협력을 어렵게 만들어 글로벌 기술 생태계의 단절을 초래할 수 있다.

이와 더불어, 글로벌 AI 경쟁은 세계를 서로 다른 기술 블록으로 분열시킬 가능성도 있다. 각 기술 블록은 자체적인 AI 기술, 인프라, 생태계를 구축하게 되며, 이는 글로벌 AI 협력의 단절을 초래할 수 있다. 특히 개발도상국들은 이러한 기술 블록화로 인해 주요 기술에 접근하는데 제약을 받게 되며, 이는 AI 기술 격차를 더욱 벌어지게 하고, 기술 불평등을 심화할 수 있다.

더 나아가, AI 윤리에 대한 국가별 접근 방식이 달라지면서 윤리적 갈등이 발생할 수 있다. 개인정보 보호, 감시 기술의 사용, 알고리즘의 투명성 등에 대한 기준이 상충할 경우, 글로벌 AI 협력에 필요한 윤리적 합의를 이루기 어려워진다. 이러한 윤리적 차이는 다자 간 협력의 기반을 약화하며, 국가별 규제 접근법의 차이로 인해 국제적으로 일관된 AI 규제 환경을 구축하는 데도 어려움을 초래할 수 있다.

마지막으로, 글로벌 AI 경쟁은 AI 기술에 필요한 부품, 소프트웨어, 데이터의 글로벌 공급망을 분열시킬 가능성이 있다. 이는 AI 개발자들이 고품질 자원에 접근하는 것을 어렵게 만들어 AI 기술의 발전을 저해할 뿐만 아니라, AI 기술의 비용을 증가시키는 결과를 낳을 수 있다. 이러한 상황은 다른 국가들이 AI 기술을 도입하고 활용하는 데 부담을 가중할 수 있으며, 궁극적으로는 AI 기술의 공정하고 균형 잡힌 글로벌 발전을 어렵게 만들 수 있다.

성공적인 국제 협력 모델

AI 분야에서의 글로벌 협업은 다양한 형태로 나타나고 있으며, 연구, 정책, 산업 협력 등 다양한 분야에서 그 사례들을 찾아볼 수 있다.

다국적 연구 프로젝트나 국제 연구소에서의 협력은 AI 기술의 발전을 가속한다. 예를 들어, 유럽 입자 물리

연구소(CERN)와 같은 국제 연구소에서 AI 기술을 활용한 과학 연구가 진행되고 있으며, 각국 정부 간의 정책 조율은 AI 기술의 규제와 활용에 중요한 역할을 하며 회원국, 조약국 등의 협력을 기반으로 하고 있다. 과학 분야의 AI 협업 사례로 영국과 캐나다의 'AI 안전 과학 파트너십(UK-Canada science of AI safety partnership)'을 주목할 만하다. 2023년 11월, 영국과 캐나다 정부는 AI 안전성 연구를 위한 획기적인 국제 파트너십을 발표했다. 이 파트너십은 양국의 세계적 수준의 AI 연구 역량을 결합하여 AI 시스템의 안전성을 높이고, AI 기술이 인류에게 이롭게 사용될 수 있도록 하는 것을 목표로 한다.

AI 기술 관련 각국의 정책 조율도 중요한 이슈로 부상하고 있다. 유럽연합(EU)은 AI 법을 통해 AI 시스템의 윤리적 사용을 규제하고 있으며, 이 과정에서 회원국 간의 협력은 필수다. 또한, 미국, 중국, EU 등 주요 국가 간의 정책 대화와 협력을 통해 AI 기술의 국제적 표준을 마련하고, 글로벌 시장에서의 공정한 경쟁을 보장하고 있다. 이러한 정책 협력은 AI 기술이 글로벌 차원에서 안전하고 윤리적으로 사용되도록 하는 중요한 기반을 제공한다. 정책 분야의 AI 협업 사례로는 한국의 '디지털 동반자' 정책을 주목할 만하다. 2023년 11월 윤석열 정부는 영국 런던에서 열린 '인공지능(AI) 안전 서밋'에 참석하여 AI 안전과 관련된 국제 협력 방안을 제시했다.

글로벌 기업들은 AI 기술 개발과 적용을 위해 협력하고 있다. 특히, AI 연구개발에 대한 공동 투자와 기술 교환이 활발하게 이루어지고 있다.

일례로, 글로벌 통신 기업들의 AI 협업은 더욱 확대되고 있다. 세계이동통신사업자협회(GSMA)의 'AI 영향력 프로그램(AI for Impact)' 이니셔티브에 이어, 2023년 2월 27일 스페인 바르셀로나에서 열린 세계 이동통신 박람회인 모바일 월드 콩그레스(MWC) 2023에서는 주요 통신사들이 'AI-네트워크 파트너십(AI-Network Partnership)'을 결성했다고 발표했다. 이 파트너십에는 한국의 KT를 포함하여 도이치텔레콤, 오렌지, 싱텔, 텔레포니카, 보다폰 등의 글로벌 통신사가 참여하고 있다. 이들의 목표는 AI 기술을 활용하여 통신 네트워크의 에너지 효율성을 높이고, 고객 경험을 개선하며, 새로운 수익 창출 기회를 모색하는 것이다.

새로운 AI 거버넌스 구조 제안

글로벌 AI 거버넌스는 전 세계적으로 점점 더 중요한 쟁점이 되고 있으며, AI 기술의 발전이 가져오는 사회적 ·

경제적 · 윤리적 도전 과제를 다루기 위해서는 협력이 필수적이다. 하지만 현재 존재하는 국제 협력 체계는 이러한 도전 과제에 효과적으로 대응할 수 있을지 의문이 든다.

예를 들어, G7의 AI 관련 합의 사항들은 법적 구속력이 없어 실제 이행에 한계가 있으며, OECD의 AI 원칙 역시 권고 사항에 그치고 있다. 또한, 이러한 기구들은 AI 전반을 다루기보다는 특정 측면에 집중하는 경향이 있어 포괄적인 AI 거버넌스 체계를 제공하기 어려운 측면이 있다. 또한 G7, OECD 등은 선진국 중심의 협의체로, 개발도상국의 입장이 충분히 반영되지 못할 수 있다는 한계가 있다. 또 현행 기구로는 기술 발전 속도에 대응하는 데 어려움이 있다. AI 기술의 발전 속도가 매우 빠르지만, 정책 결정과 국제 합의 도출에는 상대적으로 긴 시간이 소요되어 시의적절한 대응이 어려울 수 있다.

이에 따라, 국제 사회는 AI 관련 문제를 더욱 체계적으로 관리할 수 있는 독립적인 기구 설치를 논의할 수 있다. 독립기구 설립의 장점으로는 전문성, 중립성, 신속한 대응 능력 등을 들 수 있다. 예를 들어, 국제원자력기구(IAEA)는 핵기술 분야에서 이러한 역할을 성공적으로 수행하고 있다. 독립적인 국제기구는 특정 국가나 이해관계에 치우치지 않고 AI 기술의 발전을 감시하고 관리할 수 있다. 그러나 새로운 기구 설립이 필수적인가에 대한 논란이 있으며, 기존 기구의 역할 확대를 통해 문제를 해결할 가능성도 존재하기에 신중한 접근이 필요하다.

그러나 독립기구로서 구체적인 역할 및 구조가 존재한다. AI 기술 평가 및 모니터링 기능은 독립기구의 핵심 역할이 될 수 있다. 예를 들어, 'AI 관측소(Observatory)'와 같은 기구를 설립하여 전 세계 AI 기술의 발전 현황과 영향을 지속적으로 평가하고, 그 결과를 정기적으로 공개할 수 있다. 이는 국제원자력기구(IAEA)가 전 세계 핵기술 현황을 모니터링하는 방식을 참고할 수 있다.

국제 AI 윤리 가이드라인 개발 및 실행도 이러한 기구의 중요한 역할이 될 것이다. 유네스코의 'AI 윤리 권고안'을 기반으로, 보다 구체적이고 실행할 수 있는 윤리 기준을 수립하고 이행을 모니터링하는 역할을 수행할 수 있다. 이는 세계보건기구(WHO)가 국제 보건 규칙(IHR)을 통해 글로벌 보건 위협에 대응하는 방식을 모델로 삼을 수 있다.

분쟁 조정 및 중재 기능도 고려해 볼 만하다. AI 기술과 관련된 국가 간, 기업 간 분쟁을 해결하기 위한 중립적인 플랫폼을 제공할 수 있다. 이는 세계무역기구

(WTO)의 분쟁해결기구를 참고할 수 있으며, AI 특화된 국제 중재 메커니즘을 구축할 수 있다.

구조적으로는 의사결정기구, 자문위원회, 사무국 등으로 구성될 수 있다. 의사결정기구는 회원국 대표로 구성되며, 주요 정책과 가이드라인을 결정한다. 자문위원회는 AI 전문가, 윤리학자, 법률가 등으로 구성되어 전문적인 조언을 제공한다. 사무국은 일상적인 운영과 연구, 모니터링 업무를 담당한다.

재원 조달 방식으로는 회원국의 분담금, 민간 기부, 라이선스 수입 등을 고려할 수 있다. 예를 들어, AI 기술 평가 인증 제도를 운영하여 수익을 창출하는 방안도 가능할 것이다.

그러나 이러한 독립기구 설립에는 여러 과제가 있다. 국가 간 이해관계 조정, 기구의 권한 범위 설정, 기존 국제기구와의 역할 분담 등이 주요 쟁점이 될 수 있다. 또한, AI 기술의 빠른 발전 속도에 맞춰 기구의 역할과 기능을 지속적으로 조정해 나가는 것도 중요한 과제가 될 것이다.

한편, 독립기구 설립 대신, 기존 국제기구들을 활용하여 AI 거버넌스를 강화하는 방안도 고려해 볼 수 있다. OECD, UN 등의 기구가 AI와 관련된 더 포괄적이고 전문적인 프로그램을 운영하도록 권한을 확대하는 방법이다. 예를 들어, UN 산하에 AI 전담 부서를 신설하거나, OECD의 AI 원칙을 법적 구속력을 가진 조약으로 발전시키는 등의 방안이 가능하다. 이러한 접근법은 독립기구 설립에 따르는 복잡성을 피하면서도, 국제 사회가 AI 기술에 대해 더 효과적으로 대응할 수 있는 체계를 마련할 수 있다.

참고문헌

리카이푸(2019). 『AI 슈퍼파워』. 이콘.

Precedence Research. (2024). Artificial Intelligence Market Size, Share, Growth Report 2032. https://www.precedenceresearch.com/artificial-intelligence-market

IEEE(2019). The IEEE Global Initiative on Ethics of Autonomous and Intelligent Systems.

International Committee of the Red Cross(2021). Artificial Intelligence in Humanitarian Operations.

McKinsey Global Institute(2018). Notes from the AI frontier: Modeling the impact of AI on the world economy.

National Center for Science and Engineering Statistics(NCSES) (2023). *The State of U.S. Science and Engineering 2023.* National Science Foundation.

Rao, S. Anand. & Verweij, Gerard(2017), *Sizing the Prize.* PwC.

United Nations Office for Disarmament Affairs(2020).

Autonomous Weapons Systems and the Law of Armed Conflict.

Zhang, D., et al.(2023). *The AI Index 2023 Annual Report.* Stanford Institute for Human-Centered Artificial Intelligence.

06
AI 윤리와 가치 체계 구축

AI 기술의 발전으로 인한 사회적, 윤리적 우려가 커지고 있으며, 이에 대응하기 위해 글로벌 차원의 AI 윤리와 가치 체계가 요구된다. 우선 국제적인 AI 윤리 원칙을 통합하고 이를 실행하기 위한 협의체가 필요하다. 생명윤리와 관련된 AI 시스템은 의료 등 민감한 분야에서 신중히 다뤄져야 하며, 국제적 가이드라인 마련이 시급하다. 또한, AI의 안전성을 보장하기 위한 원칙과 인증 제도를 통해 오용과 오작동의 위험을 최소화하는 체계를 구축해야 한다.

AI 기술의 발전과 함께 그 활용 범위가 확장되면서, AI가 미치는 사회적, 윤리적 영향에 대한 우려가 커지고 있다. AI가 인간의 삶에 깊숙이 관여하는 만큼, 기술의 개발과 사용 시 윤리적 기준을 엄격히 준수하는 것이 중요하다.

이를 위해 글로벌 공동체는 AI 윤리와 가치 체계를 확립하고, 이를 통해 AI 기술이 인간의 존엄성과 권리를 보호하며, 공정하고 투명하게 운영될 수 있도록 해야 한다. 이러한 윤리적 기반 위에서 AI가 사회적 책임을 다할 수 있도록 국제적 협력이 요구된다.

글로벌 AI 윤리 원칙 통합 및 강화

AI 기술의 발전과 활용에서 전 세계가 공유할 수 있는 윤리적 기준이 필요하다. 이를 위해 'AI 윤리에 관한 글로벌 선언'을 제안한다. 기존의 여러 원칙과 권고안 등을 포함한 더 포괄적이고 일관된 통합 프레임워크를 기반으로 선언이 제안되어야 할 것이다. 이 프레임워크는 각 원칙의 핵심 가치를 유지하면서도, 중복을 제거하고 잠재적 충돌을 해결해야 한다. 현재 AI 윤리와 거버넌스에 관한 주요 국제 합의로는 OECD의 『AI 원칙』, G7의 『AI 히로시마 선언』, UNESCO에서 발표한 『AI 윤리 권고』 등이 있다. 이러한 기존의 국제적 합의를 기반으로 더욱 강력하고 포괄적인 글로벌 AI 윤리 체계를 구축해야 할 것이다.

선언의 실효성을 확보하기 위해, 각국 정부와 주요 AI 기업들이 참여하는 'AI 윤리 이행 협의체'를 구성하여 정기적으로 이행 상황을 점검하고 개선 방안을 논의하는 체계를 만들어야 할 것이다.

AI 기술이 생명과 관련된 의사 결정에 깊이 관여하게 됨에 따라, 이에 대한 윤리적 가이드라인 수립이 시급하다. 특히 의료 AI 시스템의 사용에는 더욱 신중한 접근이 필요하다. 예를 들어, AI가 환자의 치료 우선순위를 결정하거나 장기 이식 대상자를 선정하는 경우, 어떤 기준과 가치를 바탕으로 판단해야 하는지에 대한 국제적 합의가 필요하다. 또 AI가 의료 진단에서 오진을 일으킬 경우 그 책임은 누구에게 있는지, 그리고 AI의 판단을 어디까지 신뢰할 수 있는지도 중요한 윤리적 질문으로 대두되고 있다. 이를 위해 세계보건기구(WHO)를 중심으로 '의료 AI 윤리 위원회'를 구성하여, 의료 AI 시스템의 개발과 사용에 관한 국제 가이드라인을 수립하고 정기적으로 보완할 것을 제안한다. 이 가이드라인에는 환자의 자율성 존중, 의료진의 최종 결정권 보장, AI 시스템의 판단 근거 설명 의무화 등의 원칙이 포함되어야 할 것이다.

안전한 AI 개발 원칙

AI 시스템의 안전성 확보는 글로벌 공동체 형성에 가장 중요한 전제조건이다. AI 기술의 오용, 악용, 또는 의도치 않은 오작동으로 인한 위험을 최소화하기 위해 '안전한 AI(Safe AI) 개발 원칙'을 수립해야 한다. 이 원칙에는 AI 시스템의 설계 단계부터 안전성을 고려하는 '보안 내재화 설계(Security by Design)' 개념, AI 시스템의 결정이 인간에게 해를 끼치지 않도록 하는 '위해 방지 원칙', 그리고 AI 시스템의 성능과 안전성을 지속적으로 모니터링하고 개선하는 '지속적 개선 원칙' 등이 포함되어야 한다. 또한, 국제표준화기구(ISO)를 통해 AI 안전성 평가 기준을 수립하고, 이를 바탕으로 'AI 안전성 인증제'를 도입하여 글로벌 차원에서 AI 시스템의 안전성을 보장하는 체계를 구축해야 한다.

교육과 인식 제고

AI 기술이 우리 일상에 깊숙이 스며들면서 그 활용에 따르는 윤리적 고민과 사회적 책임을 이해하는 것이 필수다. 따라서 AI와 관련된 교육과 인식 제고는 단순히 기술적인 지식 전달을 넘어, AI가 초래할 수 있는 다양한 윤리적 이슈와 도덕적 딜레마에 대한 논의로 확대되어야 한다. 먼저, 대중을 대상으로 한 교육 프로그램을 통해 AI의 장점과 함께 발생할 수 있는 위험성을 알리고, 이를 올바르게 사용할 수 있도록 하는 것이 중요하다. 예를 들어, 학생, 일반 시민, 기술 전문가 모두에게 AI가 개인정보에 미치는 영향이나 의사 결정 과정에서 발생할 수 있는 편향성을 이해할 기회를 제공해야 한다.

또 AI 기술에 관여하는 개발자나 연구원에게는 더 깊이 있는 윤리 교육이 필요하다. AI 개발 초기 단계부터 윤리적 고려를 포함하고, 예상치 못한 결과나 잠재적 오용 사례를 방지할 체계를 구축하도록 돕는 것이 목표다. 이를 위해 정부와 기업은 AI 윤리와 관련된 워크숍과 세미나를 정기적으로 개최하고, 연구 기관과 협력하여 AI 윤리 기준을 강화하는 연구를 지원할 필요가 있다. 결과적으로, 이러한 교육과 인식 제고는 AI의 윤리적 사용에 대한 사회적 공감대를 형성하는 데 중요한 역할을 할 것이다.

투명한 AI 의사 결정

AI 시스템의 의사 결정 과정은 복잡하고 기술적이지만, 이를 사용자와 사회가 이해할 수 있도록 투명하게 공개하는 것은 AI의 신뢰성을 높이는 핵심 요소다. AI가 결정에 이르게 되는 과정, 즉 데이터 처리 방법, 알고리즘 선택, 판단 기준 등이 어떻게 설정되었는지에 대한 명확한 설명이 제공되어야 한다. 예를 들어, 의료나 금융 분야에서 AI의 판단이 직접적으로 사람의 건강과 경제적 안정에 영향을 미치는 만큼, 그 의사 결정 과정에 대한 정보가 더욱 중요해진다. 의료 분야에서 AI가 특정 환자에게 어떤 진단을 내리거나 치료 방안을 제시할 때, 그 판단이 어느 데이터와 분석 방식을 기반으로 했는지에 대해 명확히 밝혀져야 한다.

이를 통해 사용자는 AI의 결정을 보다 신뢰할 수 있으며, 필요한 경우 AI가 내린 결정을 인간이 재검토할 수 있는 장치도 마련되어야 한다. AI 개발자는 의사 결정 과정에서 사용된 데이터의 신뢰성과 알고리즘의 중립성을 지속적으로 모니터링하고, 이를 설명할 책임이 있다. 이러한 투명성 확보는 AI가 윤리적이고 공정하게 사용될 수 있도록 하며, AI 기술의 오작동이나 악용 가능성을 줄이는 데도 기여할 것이다. 더불어, 투명한 의사 결정 구조를 가진 AI 시스템은 사용자와의 신뢰를 강화하여 사회 전반에 걸친 AI 활용의 확산에도 긍정적인 영향을 미칠 것이다. AI가 인간의 삶에 중요한 영향을 미칠수록, 그 과정의 투명성은 AI 윤리의 가장 기본적이고 중요한 요소로 자리 잡을 것이다.

참고문헌

Bostrom, N. & Yudkowsky, E.(2014). *The Ethics of Artificial Intelligence.* Cambridge University Press.

Floridi, L. & Cowls, J.(2019). *A Unified Framework of Five Principles for AI in Society.* Harvard Data Science Review.

OECD(2019). *OECD Principles on AI.* OECD Publishing.

07
AI 기술 융합과 사회적 영향 공동 대응

AI 기술은 사회와 상호 작용하며 노동 시장, 창작, 의료 등 다양한 분야에 변화를 일으켰다. 신경망 연구에서 생성형 AI에 이르기까지 기술이 발전하면서 일자리 감소, 편향성, 프라이버시 문제 등이 주요 논제로 떠올랐다. 사회는 AI의 공정성과 투명성을 요구하며 기술 발전의 방향성을 규정해 왔으며, 앞으로도 이러한 상호 작용 속에서 AI는 사회적 규범에 맞춰 진화할 것이다.

인공지능(AI)은 20세기 중반부터 빠르게 발전하며 사회의 다양한 분야에 영향을 미치고 있다. 이 과정에서 기술의 발전이 가져온 혁신뿐 아니라, 인공지능이 사회에 미치는 영향에 대한 사회적 담론도 끊임없이 형성되고 변화해 왔다.

인공지능 기술은 과학자들과 엔지니어들의 노력으로 크게 발전해 왔지만, 이러한 발전은 단지 기술적 측면에서만 이루어진 것이 아니다. 기술은 사회와 상호 작용하며, 사회적 요구와 윤리적, 법적 논의가 기술 발전의 방향성을 결정짓기도 한다.

AI 기술적 발전 과정과 사회적 담론 형성

AI의 기술 발전은 단순한 기계적 성능 향상을 넘어 인간 사회의 근본적인 변화를 불러왔다. 이는 노동 시장에서의 변화, 의사 결정 과정에서의 AI 활용, 새로운 창작의 형태, 군비의 재편, 바이오테크까지 다양한 방식으로 나타났다. 동시에, 이러한 변화는 AI의 윤리적 문제, 공정성, 사회적 책임에 대한 논의로 이어졌으며, 기술과 사회가 함께 진화해 왔다는 점을 보여 주고 있다.

기술적 발전 과정

AI의 기술적 발전은 여러 단계에 걸쳐 이루어져 왔으며, 각각의 단계에서 기술적 성과와 함께 새로운 사회적 과제가 부각되었다.

AI 기술의 발전은 신경망 연구에서 시작되었으며 1950년대부터 1970년대는 신경망 연구의 시작이라 이야기할 수 있다. 퍼셉트론(Perceptron)과 같은 초기 신경망 모델들은 인간의 뇌를 모방하려는 시도로 시작되었으며, 이 시기에는 기계가 스스로 학습할 수 있는 가능성에 대한 연구가 주를 이루었다. 1980년대부터 2010년대까지는 '머신러닝의 발전'으로 머신러닝 기술이 본격적으로 등장하며, 데이터를 통해 컴퓨터가 스스로 학습하고 패턴을 인식할 수 있게 되었다. 이 시기에 AI 기술은 음성 인식, 이미지 분류 등에서 실제적인 성과를 거두며 실용화되었다. 노버트 위너(Norbert Wiener)의 『사이버네틱스 이론』은 AI 기술이 신경망을 넘어서 통신과 제어의 원리를 탐구하는 데 기여하며, 머신러닝의 기초를 형성했다.

그리고 2010년대 이후는 '딥러닝과 인공지능의 비약적 발전' 시기로, 특히 심층 신경망(Deep Neural Networks)을 활용하여 대규모 데이터를 처리하고 학습하는 능력이 크게 향상되었다. 구글의 알파고(AlphaGo)가 인간 바둑 챔피언을 이긴 사례는 AI가 인간의 능력을 초월할 수 있음을 보여 주는 대표적인 예시다. 닉 보스트롬(Nick Bostrom)의 저서 『슈퍼인텔리전스(Superintelligence)』는 AI가 인간의 지능을 넘어서는 존재가 될 가능성에 대한 경고를 제시하며, 딥러닝 기술의 위험성을 논의했다.

오늘날, 2020년대는 생성형 인공지능(Generative AI) 시기로서 AI가 데이터를 학습하는 것을 넘어 새로운 텍스트, 이미지, 음악을 창조할 수 있는 능력을 가지고 있다. 이러한 AI는 예술, 디자인, 문학 등 다양한 창작 분야에서 인간과 협력하며 새로운 형태의 창작물을 만들어 내고 있다. 캐시 오닐(Cathy O'Neil)은 『대량살상 수학무기(Weapons of Math Destruction)』(2016)에서 AI와 빅데이터가 불평등을 확대할 수 있음을 경고하며, 생성형 AI의 윤리적 문제에 대한 논의가 필요하다고 주장했다.

사회적 담론 형성 과정

AI의 기술적 발전과 함께, 사회적 담론은 기술적 혁신이 사회에 미치는 영향을 분석하고, 그에 대한 대응 방안을 논의하는 방식으로 발전해 왔다. 기술 발전에 따른 긍정적 기대와 동시에, 윤리적 문제와 사회적 영향에 대한 경각심이 담론의 중심에 자리 잡게 되었다.

1950년부터 1990년 초창기까지는 기술적 낙관주의가 주된 사회적 담론을 형성하였다. AI가 인간의 능력을 확장하고 산업 자동화와 효율성을 크게 증대할 것이라는 기대가 컸다. 예를 들어, 1956년의 다트머스 회의에서는 AI가 인간의 복잡한 문제를 해결할 가능성에 대한 긍정적 전망이 지배적이었다. 이 회의는 인공지능 분야의 출발점으로 간주되는 중요한 학술 회의였다. 이 회의에서 처음으로 '인공지능'이라는 용어가 사용되었다. 토머스 P. 휴즈(Thomas P. Hughes)는 그의 책 『권력의 네트워크(Networks of Power)』에서 기술 혁신이 사회 구조에 미치는 영향을 강조하며, AI가 인간 노동과 산업에 미치는 긍정적 영향을 분석했다.

그러나 2000년대 들어서, 우려와 규제 논의가 시작되었다. AI의 발전이 일자리 감소, 프라이버시 침해, 감시 사회 등의 부작용을 초래할 수 있다는 우려가 제기되었으며, 유럽연합(EU)의 GDPR(General Data Protection Regulation, 일반 데이터 보호 규정) 시행이 대표적인 사례가 될 수 있다. AI와 빅데이터의 광범위한 사용이 개인정보 침해를 야기할 수 있다는 우려가 커지며, 사회적 규제가 필요하다는 논의가 본격화되었다. 이 시점부터 AI 기술은 단순한 기술적 혁신으로만 평가되지 않고, 법적·윤리적 틀 속에서 그 발전 방향이 논의되기 시작했다.

딥러닝과 AI 기술이 대중화되면서, 2010년대 사회는 AI가 특정 인종, 성별, 사회적 계층에 대해 편향된 결정을 내릴 가능성에 주목하게 되었다. AI가 취업 과정에서 특정 인종이나 성별에 대해 불공정한 결정을 내린 사례도 발생했다. 이러한 논의는 AI 기술의 개발에 공정성과 투명성의 중요성을 강조하게 되었고, 윤리적 문제와 책임 있는 AI 개발을 위한 규범이 강화되었다.

2020년대에 접어들며, AI는 사회 전반에 걸친 중요한 역할을 수행하게 되었다. 이에 따라, AI 시스템의 투명성과 책임성을 높이려는 사회적 요구가 강해졌다. 예를 들어, AI가 의료 분야에서 인간의 생명을 좌우하는 결정을 내리게 되면서, 그 결과의 설명 가능성과 신뢰성이 사회적 담론의 중요한 주제가 되었다.

기술과 사회의 공진화

AI 기술의 발전은 단지 기술적 진보로만 이루어진 것이 아니라, 사회적 요구와 규제가 그 발전 방향에 중요한 영향을 미쳤다. 이를 기술과 사회의 공진화(co-evolution)라고 한다. 브라이언 아서(W. Brian Arthur)는 기술이 유기체처럼 진화한다고 주장하며, 기술 발전이 기존 기술의 조합과 상호 작용을 통해 이루어진다고 설명했다. AI 기술이 발전할수록 사회는 그 기술의 긍정적, 부정적 영향을 고려하여 새로운 법적 틀과 윤리적 기준을 마련해 왔다. 이러한 사회적 반응이 기술 발전에 다시금 피드백을 제공하여 더 나은 기술을 만들어 내는 데 기여를 하는 게 바로 공진화의 논리다. 예를 들어, 딥러닝 기술이 비약적으로 발전하면서 AI의 편향된 결정과 윤리적 문제에 대한 논의가 급증했다. 이는 AI 개발자가 공정한 알고리즘을 개발하고, AI가 내리는 결정의 책임성을 확보하는 데 주력하게 만들었다. 이와 같이, 기술과 사회는 서로 영향을 주고받으며 함께 진화하고 있으며, 이는 미래 AI 기술 개발에도 지속적인 피드백을 제공할 것이다.

AI와 노동의 미래

AI로 인하여 우리 사회와 우리의 일자리 그리고 일하는 방식이 바뀔 것이라는 예측에 모든 사람들이 동의할 것이다. 그렇다면 우리는 무엇을 준비해야 하는가? 무엇을 배워야 하고 어떤 일자리를 가져야 할까?

AI로 인한 직업 변화와 새로운 기회

AI와 노동의 미래를 논할 때, 존 메이너드 케인스(John Maynard Keynes)의 에세이 『우리 손주 세대의 경제적 가능성』은 중요한 참조점이다. 케인스는 1930년에 이 에세이를 통해 100년 후인 2030년경의 경제와 노동의 모습을 예측했다. 그의 핵심 예측은 기술 발전으로 인한 생산성 향상으로 주 15시간만 일해도 충분한 경제적 풍요를 누릴 수 있으리라는 것이었다. 케인스는 이를 통해 인류가 경제적 문제를 해결하고 여가와 자아실현에 더 많은 시간을 할애할 수 있을 것이라고 낙관적으로 전망했다(Keynes, 1930).

현재 우리는 케인스가 예측한 시점에 거의 다다랐지만, 현실은 그의 전망과는 많이 다르다. AI와 자동화 기술의 발전으로 생산성은 크게 향상되었다. 예를 들어, 미국의 노동 생산성은 1950년 이후 거의 4배 증가했다(Bureau of Labor Statistics, 2021). 그러나 노동 시간의 극적인 감소나 보편적인 경제적 풍요는 아직 실현되지 않았다. OECD 국가들의 평균 연간 노동 시간은 1970년 이후 약 10% 정도만 감소했을 뿐이다(OECD, 2021). 오히려 우리는 기술 발전이 가져온 새로운 형태의 불평등과 노동 시장의 양극화에 직면해 있다.

AI 시대의 노동 환경은 케인스가 상상했던 것과는 매우 다른 모습을 보이고 있다. 많은 일자리가 자동화로 대체되고 있다. 매킨지 글로벌 연구소의 보고서에 따르면, 2030년까지 전 세계적으로 4억에서 8억 개의 일자리가 자동화로 인해 대체될 수 있다고 한다. 특히 제조업, 소매업, 운수업 등에서 이러한 변화가 두드러질 것으로 예상된다.

국제통화기금(IMF)은 2024년 1월, 『인공지능과 일의 미래(Gen-AI: Artificial Intelligence and the Future of Work)』라는 보고서를 통해 AI는 노동 시장에 상당한 영향을 초래할 잠재력이 있으면서, 전 세계 고용의 약 40%가 AI에 노출될 것으로 예상한다. 또한 선진국에서는 약 60%의 일자리가 AI의 영향을 받을 수 있고, 신흥국과 저소득 국가에서는 각각 40%와 26%의 일자리가 AI에 노출될 것으로 예상하였다. 그리고 AI에 노출된 일자리의 약 절반은 AI 통합으로 생산성이 향상될 수 있다고 한다.

한편, 새로운 형태의 직업들이 생겨나고 있다. 데이터 과학자, AI 윤리 전문가, 로봇 관리자 등은 10년 전만 해도 존재하지 않았던 직업이다. 나아가 인간과 AI의 협업, 원격 근무, 긱 이코노미(Gig economy) 등 케인스 시대에는 상상하기 힘들었던 노동 형태가 등장했다. 코로나

19 팬데믹 이후 원격 근무는 급속도로 확산되어, 많은 기업이 하이브리드 근무 모델을 도입하고 있다. 글로벌 컨설팅 기업 매킨지의 조사에 따르면, 팬데믹 이후 미국 근로자의 58%가 재택근무를 경험했으며, 이 중 상당수가 앞으로도 이를 지속하길 원한다고 한다(McKinsey, 2021).

긱 이코노미의 성장도 주목할 만하다. 미국의 경우 2020년 기준으로 전체 노동력의 약 36%가 긱 이코노미 노동자로 일하고 있으며, 이 비율은 계속 증가하고 있다(갤럽, 2020). 긱 이코노미는 영구직이 아닌 단기계약이나 프리랜서 작업이 널리 퍼져 있는 노동 시장을 의미하며, 우버, 에어비앤비 등의 플랫폼 기업들이 이러한 변화를 주도하고 있다.

이러한 변화들은 노동의 본질에 대한 우리의 인식을 근본적으로 변화시키고 있다.

AI로 인한 노동 대체에 대한 우려는 시기상조라고 볼 수 있다. 그러나 이는 단순히 일자리 감소를 의미하는 것이 아니라 노동의 성격 변화를 나타낸다.

실제로 세계경제포럼의 『직업의 미래 보고서』에 따르면, 2025년까지 8500만 개의 기존 일자리가 사라지는 대신 9700만 개의 새로운 일자리가 생길 것으로 예측된다

(세계경제포럼, 2020). 이는 AI가 일자리를 대체하기보다는 변화시키고 있음을 보여 준다.

또 AI와 인간의 협업 모델이 점차 부각되고 있다. 예를 들어, 의료 분야에서 AI는 의사의 진단을 보조하는 역할을 하고 있으며, 법률 분야에서는 변호사의 문서 검토 작업을 지원하고 있다. 이는 AI가 인간의 노동을 완전히 대체하기보다는 보완하고 있음을 시사한다.

케인스가 예측한 '경제적 문제의 해결'은 아직 실현되지 않았지만, 그의 비전은 여전히 유효하다. AI 시대에 우리는 기술 진보의 혜택을 어떻게 공정하게 분배할 것인가, 노동의 의미를 어떻게 재정의할 것인가, 경제적 풍요와 개인의 자아실현을 어떻게 조화시킬 것인가 등의 질문에 직면해 있다.

이러한 도전에 대응하기 위해서는 새로운 정책과 제도가 필요하다. 기술 실업에 대응하기 위한 재교육과 평생 학습 시스템이 중요하다. 예를 들어, 싱가포르의 '스킬스퓨처(SkillsFuture)' 프로그램은 모든 시민에게 평생 학습 기회를 제공하여 기술 변화에 대응하도록 돕고 있다(SkillsFuture Singapore, 2021). 독일의 '인더스트리(Industry) 4.0' 전략도 노동자들의 디지털 역량 강화에 중점을 두고 있다.

소득 불평등 해소를 위한 기본 소득 제도도 활발히 논의되고 있다. 스탠퍼드대학교 기본소득연구소의 정의에 따르면 기본 소득은 노동 요구나 다른 조건 없이 공동체의 모든 구성원에게 정기적으로 지급되는 현금 지급을 의미한다. 핀란드는 2017~2018년에 기본 소득 실험을 실시했으며(Kela, 2020), 미국의 앤드루 양은 2021년 대선 캠페인에서 '자유 배당금'이라는 이름의 기본 소득 정책을 제안했다(Yang, 2021). 이는 케인스가 꿈꾸었던 경제적 풍요의 시대를 실현하기 위한 현대적 접근이라고 볼 수 있다. 최근에는 실리콘밸리의 기술 기업가들 사이에서 기본 소득에 대한 관심이 높아지고 있는데, 그중 대표적인 예가 샘 올트먼의 기본 소득 실험이다. 올트먼의 실험은 참가자들에게 매월 일정 금액을 아무 조건 없이 지급하는 방식으로 이루어졌다. 이 실험의 목적은 기본 소득이 개인의 삶과 지역 사회에 미치는 영향을 연구하는 것이었다. 이 실험은 특히 인공지능의 발전으로 인한 노동 시장의 변화에 대비하는 정책으로서 기본 소득의 가능성을 탐구하고자 했다. 올트먼은 기술 발전이 가져올 경제적 변화에 대한 해결책으로 기본 소득을 제안하고 있다.

AI 시대의 노동 문제는 더 이상 한 국가의 범주에서 해결할 수 없는 글로벌한 이슈가 되었다. 국경을 초월한 디지털 노동의 확산, 기술 격차로 인한 국가 간 불평등 등의 문제에 대응하기 위해서는 국제적인 협력이 필수적이다. 예를 들어, 국제노동기구(ILO)는 '일의 미래 글로벌 위원회'를 통해 AI 시대의 노동 정책에 대한 국제적 가이드라인을 제시하고 있다.

기술 격차 해소를 위한 국제 협력도 중요하다. AI와 자동화로 인한 일자리 대체는 저숙련 노동자들에게 더 큰 타격을 줄 것으로 예상된다. 세계은행의 보고서에 따르면, 개발도상국의 경우 현재 일자리의 2/3가 자동화의 위험에 처해 있다(월드뱅크, 2019).

세계은행의 '디지털 개발 파트너십(Digital Development Partnership)'과 같은 프로그램은 개발도상국의 디지털 전환을 지원하고 있다(월드뱅크, 2021). 이는 케인스의 비전을 전 지구적 차원에서 실현하기 위한 새로운 과제라고 할 수 있다.

결론적으로, AI 시대의 노동의 미래를 전망하면서 진정한 인간의 자유와 풍요로 이어지게 하기 위해서는 경제적, 사회적, 윤리적 차원의 종합적인 고민과 글로벌 차원의 협력이 필요하다. AI는 우리에게 전례 없는 생산성과 창의성의 도구를 제공하지만, 이를 어떻게 활용하여 모두를 위한 번영을 이룩할 것인가는 여전히 우리의 몫이다.

기술 발전과 노동의 변화 그리고 기본 소득

기술의 발전은 노동 시장과 노동 방식에 중대한 변화를 일으키며, 이에 따라 소득이 증가하거나 감소하는 양면적인 현상이 나타난다. AI, 자동화, 로봇 공학 등의 기술 발전은 노동의 생산성과 효율성을 크게 향상하고, 새로운 산업과 직업을 창출하는 긍정적인 효과를 가져올 수 있다. 특히 고숙련 노동자들은 이러한 기술 혁신의 혜택을 가장 많이 누리며, 새로운 기회와 더불어 소득이 증가할 가능성이 크다. 예를 들어, 데이터 과학자나 AI 엔지니어와 같은 직종은 기술 발전에 따른 수요 증가로 인해 높은 임금을 받을 수 있다. 또 혁신적인 산업이 빠르게 성장하면서 이러한 고임금 직업군은 더욱 확대되고 있다.

그러나 기술 발전은 저숙련 노동자들에게는 부정적인 영향을 미칠 수 있다. 반복적이고 단순한 작업은 자동화로 대체되면서 많은 노동자들이 직업을 잃거나 소득이 감소하는 상황에 처할 수 있다. 특히 제조업이나 서비스업 같은 분야에서는 자동화와 로봇 기술의 도입으로 인해 일자리가 사라지거나, 해당 직업에서의 임금이 감소할 위험이 크다. 이러한 변화는 소득 불평등을 심화하며, 기술 혁신의 혜택이 고숙련 노동자나 자본을 가진 일부 계층에 집중되는 경향을 보인다. 이는 기술 발전으로 인한 경제적 혜택이 사회 전반에 균등하게 분배되지 않고, 특정 집단에만 집중될 수 있다는 문제를 야기한다.

이러한 상황에서 기본 소득은 기술 발전으로 인한 소득 불평등 문제를 해결하기 위한 중요한 방안으로 논의되고 있다. 기술 혁신으로 인해 일자리를 잃은 사람들, 혹은 소득이 감소한 사람들에게 기본 소득은 경제적 안전망을 제공할 수 있다. 자동화로 인해 사라진 일자리로 인해 발생하는 실업 문제를 해결하기 위해 기본 소득은 최소한의 생활을 보장하며, 사회적 불안을 완화하는 역할을 한다. 기본 소득은 또한 기술 발전으로 인해 증가한 기업의 생산성과 이익을 사회 전체에 재분배하는 방법으로 활용될 수 있다. AI와 자동화 기술로 인해 기업이 더 많은 수익을 창출하게 될 경우, 기본 소득을 통해 그 이익이 전 국민에게 공정하게 분배됨으로써, 기술 혁신의 혜택이 특정 계층에만 집중되지 않고 사회 전체가 그 혜택을 공유할 수 있게 된다.

결국, 기술의 발전은 노동 시장과 노동 방식에 큰 변화를 일으키며, 소득의 증가와 감소라는 상반된 결과를 초래할 수 있다. 고숙련 노동자들에게는 새로운 기회를 제공하여 소득을 증가시키는 반면, 저숙련 노동자들은 직업 상실과 소득 감소의 위기에 처하게 된다. 이러한 변화 속에서 기본 소득은 소득 불평등을 완화하고, 경제적 안전망을 제공하는 중요한 수단으로 주목받고 있다. 또한 기술 발전으로 인한 생산성 증가의 혜택을 사회 전체에 공정하게 분배하는 역할을 할 수 있다.

기술 발전의 영향은 국가 단위를 넘어 전 세계적으로 확산되고 있으며, 이는 글로벌 노동 시장과 경제 구조에 큰 변화를 가져오고 있다. 선진국과 개발도상국 간의 기술 격차로 인해 국가 간 불평등이 심화하는 현상이 두드러지고 있다. 기술 혁신을 주도하는 국가들은 고부가 가치 산업을 발전시키며 경제적 우위를 점하고 있는 반면, 기술 발전이 더딘 국가들은 저임금 노동력에 의존하는 산업 구조에서 벗어나지 못하고 있다.

글로벌 기업들의 영향력 확대도 주목할 만한 현상이다. 이들은 첨단 기술을 바탕으로 전 세계 시장을 장악하며, 막대한 부를 축적하고 있다. 그러나 이러한 부의 집중은 글로벌 차원의 소득 불평등을 심화하는 요인이 되고 있다. 기술 기반 글로벌 기업들의 성장은 일부 국가와 계층에 혜택을 집중시키는 반면, 그 외의 지역과 계층은 상대적으로 소외되는 결과를 낳고 있다.

기술 발전은 글로벌 차원에서 노동 시장과 소득 구조에 큰 변화를 가져오고 있다. 이러한 변화는 국가 간, 계층 간 불평등을 심화할 수 있는 위험이 있지만, 동시에 이를 해결할 새로운 기회도 제공하고 있다. 기본 소득은 이러한 글로벌 차원의 문제를 해결하기 위한 하나의 대안으로 주목받고 있으며, 국제 사회의 협력을 통해 그 실현 가능성과 효과성을 지속적으로 탐구해 나가야 할 것이다.

AI 기반 자율 무기의 위협

2024년 1월, 우크라이나 전쟁에서는 AI가 탑재된 드론 군집이 러시아군 진지를 공격했다. 같은 해 3월, 이스라엘은 가자지구에서 AI 기반의 표적 선정 시스템을 본격적으로 가동했다. 자율 무기는 더 이상 공상과학 영화의 소재가 아닌 현실이 되었다.

인류 역사상 처음으로 기계가 스스로 인간의 생사를 결정하는 시대가 도래했다. 자율 무기는 전쟁의 패러다임을 근본적으로 바꾸고 있다. 인간의 판단과 윤리적 고려가 배제된 전장에서, 우리는 과연 전쟁의 통제권을 계속 보유할 수 있을까?

스톡홀름국제평화연구소(SIPRI)는 2023년 보고서에서 "자율 무기 시스템의 확산은 핵무기 이후 가장 큰 군사적 혁신이자 위협"이라고 경고했다. 이제 우리는 AI 기반 자율 무기가 가져올 혜택과 위험을 냉철하게 분석하고, 그 대응책을 마련해야 할 시점에 있다.

자율 무기 시스템의 사용

자율 무기 시스템(AWS, Autonomous Weapon Systems)은 21세기 군사 혁신을 대표하는 새로운 무기 체계다. UN은 자율 무기 시스템을 "표적의 탐지와 식별, 선정 과정에서 인간의 추가 개입 없이 교전할 수 있는 무기 체계"로 정의하고 있다(UNIDIR 2023). 이는 단순한 자동화 시스템과는 구별되는데, 특히 무기 체계가 스스로 중요한 기능들을 수행하는 자율성의 정도가 핵심적인 판단 기준이 된다. UN 재래식무기협약(CCW)은 2019년 11개 지침 원칙을 통해 자율 무기 체계가 국제인도법을 준수해야 하며, 의미 있는 인간 통제하에 있어야 함을 강조했다.

미국 국방부 역시 이와 유사한 맥락에서 자율 무기 체계를 "일단 작동이 시작되면 인간 조작자의 추가적인 개입 없이도 목표물을 선택하고 교전할 수 있는 무기 체계"로 정의하고 있다. 이는 단순히 원격으로 조종되는 무인 무기와는 본질적으로 다른 개념으로, 인공지능을 기반으로 한 독자적 의사 결정 능력이 핵심이다.

자율 무기의 특징은 크게 세 가지로 구분할 수 있다. 첫째, 상황 인식 능력이다. 센서를 통해 수집된 데이터를 실시간으로 처리하고 분석하여 전장 환경을 이해할 수 있다. 둘째, 의사 결정 능력이다. 수집된 정보를 바탕으로 최적의 행동 방침을 결정할 수 있다. 셋째, 실행 능력이다. 결정된 사항을 물리적으로 실행할 수 있는 기능을 갖추고 있다(Scharre, 2023). 스톡홀름국제평화연구소(SIPRI)의 2023년 보고서에 따르면, 이러한 세 가지 능력이 모두 갖춰진 완전 자율 무기는 아직 실전 배치되지 않았으나, 부분적 자율성을 가진 무기들은 이미 광범위하게 사용되고 있다.

대중문화에서 자율 무기는 주로 부정적인 모습으로 그려졌다. 1984년 개봉된 영화 〈터미네이터〉는 인류를 위협하는 AI 무기 체계의 대표적인 이미지를 제시했으며, 이후 수많은 SF 영화가 유사한 디스토피아적 미래를 그려 왔다. 그러나 현실의 자율 무기는 이와는 상당히 다른 모습이다. 현재 운용되는 대부분의 자율 무기는 '인간 통제하의 자율성(Human on the Loop)' 원칙을 따르고 있으며, 이는 주요 국가들의 군사 정책에서도 강조되고 있다

전쟁의 판도를 바꾸는 자율 무기

현대 전장에서 자율 무기의 활용은 이미 현실이 되었다. 2024년 현재, 자율 무기는 공중, 지상, 해상, 우주 등 모든 전장 영역에서 운용되고 있다. 록히드 마틴(Lockheed Martin)의 분석에 따르면, 2023년 기준 전 세계 자율 무기 시장 규모는 약 120억 달러에 달하며, 2030년까지 연평균 12% 이상의 성장이 예상된다.

2023년 10월부터 시작된 이스라엘 · 하마스 전쟁에서는 이스라엘군의 자율형 드론 '헤르메스(Hermes)'가 정찰과 타격 임무를 동시에 수행하며 새로운 전쟁 양상을 보여 주고 있다. 지상 영역에서는 이스라엘의 자율형 순찰 로봇 '자구아르'가 주목받고 있다. 자구아르는 AI 기반의 지형 인식과 장애물 회피 능력을 갖추고 있으며, 가자지구 경계 순찰에 실전 배치되어 있다. 우크라이나 전쟁은 자율 무기의 실전 효용성을 입증하는 시험장이 되고 있다. 우크라이나군은 AI 기반의 드론 군집 공격으로 러시아군의 전차 부대에 상당한 타격을 입혔다. 특히

2023년 크림반도 공격에서는 자율형 해상 드론을 활용한 새로운 형태의 전술을 선보였다.

이스라엘은 하마스와의 전쟁에서 AI 기반의 표적 선정 시스템 '하브소라(Habsora, 복음)'을 운용하고 있다. 이 시스템은 빅데이터 분석을 통해 실시간으로 타격 우선순위를 결정하며, 민간인 피해를 최소화하는 것을 목표로 한다. 이스라엘 방산 업체 IAI가 개발한 하롭(Harop)은 대표적인 자폭형 순항 드론이다. 하롭은 인공지능 기반의 표적 탐지 및 추적 시스템을 탑재하고 있으며, 최대 6시간 동안 독자적으로 공중에서 표적을 탐색할 수 있다.

자율 무기 기술의 확산도 주목할 만한 현상이다. 2020년 이후 30개국 이상이 자체적인 자율 무기 개발 프로그램을 가동하고 있다. 이란은 2023년 지하 시설에서 자율형 미사일 생산 라인을 가동하고 있다고 발표했으며, 한국은 AI를 적용한 과학화 경계 시스템을 운용하고 있다.

축복일까 재앙일까: 자율 무기의 미래

자율 무기 체계는 미래 전장의 핵심 요소로 자리 잡고 있지만, 이에 따른 우려와 논쟁도 심화하고 있다. 군사적 효용성과 윤리적 문제, 안전성과 통제 가능성, 국제법적 규제 등 다양한 측면에서 첨예한 논쟁이 전개되고 있다.

군사적 효용성 측면에서 자율 무기는 분명한 장점이 있다. 랜드연구소의 분석에 따르면, 자율 무기 도입으로 인한 군사적 이점은 크게 네 가지로 정리된다. 첫째, 인명 피해 감소다. 위험한 임무에 자율 무기를 투입함으로써 군인의 생명을 보호할 수 있다. 둘째, 24시간 연속 작전 수행이 가능하다. 피로나 스트레스의 영향을 받지 않아 작전 지속성이 향상된다. 셋째, 신속한 의사 결정이 가능하다. AI의 정보처리 속도는 인간을 크게 앞선다. 넷째, 비용 효율성이다. 장기적으로 운용 비용이 감소하며, 병력 감축 효과도 기대할 수 있다.

그러나 윤리적 측면에서는 심각한 우려가 제기되고 있다. 2024년 초 하버드대학교 윤리연구소가 발표한 보고서는 자율 무기의 윤리적 문제를 세 가지 차원에서 분석했다. 첫째, 생명 박탈 결정의 위임 문제다. 인간의 생명을 앗아가는 결정을 기계에 맡기는 것이 도덕적으로 정당화될 수 있는가 하는 근본적인 질문이다. 둘째, 책임 소재의 불명확성이다. 자율 무기의 오판으로 인한 피해가 발생했을 때, 그 책임을 누구에게 물을 것인가? 셋째, 전쟁 개시 임계점의 하향이다. 인명 피해에 대한 부담이 감소함으로써 전쟁 결정이 더욱 쉬워질 수 있다는 우려다.

자율 무기의 위험성은 2021년 베네수엘라 사례를 통해 극적으로 드러났다. 소형 폭발물을 탑재한 자율 드론들이 마두로 대통령 연설 중 암살을 시도한 이 사건은, 이른바 '학살 로봇(slaughterbots)'의 현실적 위험성을 보여 준 첫 사례였다. 스튜어트 러셀 교수가 경고한 것처럼, AI를 탑재한 소형 드론의 군집 공격은 새로운 형태의 테러 위협이 될 수 있다. 특히 안면 인식 기술과 결합된 자율 무기는 특정 인물을 표적으로 한 암살에 악용될 수 있다는 우려가 제기되고 있다(Russell, 2023).

우크라이나 전쟁과 가자지구 전투는 이러한 윤리적 우려가 현실이 될 수 있음을 보여 주었다. 국제앰네스티의 2023년 보고서는 우크라이나에서 자율 무기 사용으로 인한 민간인 피해 사례를 상세히 기록했다. 특히 AI의 오인식으로 인한 민간 시설 타격이 수차례 발생했으며, 이에 대한 책임 규명이 어렵다는 점이 지적되었다.

이러한 문제에 대응하기 위한 국제 사회의 노력도 활발하다. "자율 무기는 제3차 군사 혁명이 될 수 있으며 핵무기보다 더 위험할 수 있다, 인공지능의 판단에 생명을 맡기는 것은 비윤리적이다, 자율 무기 개발 경쟁은 새로운 군비 경쟁을 촉발할 수 있다, 테러리스트나 독재자의 수중에 들어갈 경우 대량 살상이 가능하다" 등의 주장을 담고 있는 '살인 로봇 금지(Stop Killer Robots)' 캠페인에는 일론 머스크, 스티븐 호킹, 스튜어트 러셀, 노엄 촘스키 등 유명인들을 포함하여 66개국의 180개 이상 단체가 참여하고 있다. 2023년에는 구글, 마이크로소프트 등 주요 기업들도 자율 무기 개발 제한에 대한 자발적 협약에 서명했다.

옥스퍼드대학교 미래인류연구소는 2024년 보고서에서 자율 무기의 발전 방향으로 '통제된 자율성(Controlled Autonomy)'을 제시했다. 이는 AI의 장점을 최대한 활용하되, 핵심적인 의사 결정에는 반드시 인간의 판단이 개입되어야 한다는 것이다. 특히 표적 선정과 공격 결정에는 인간의 최종 승인이 필수라는 점을 강조했다.

참고문헌

Amnesty International(2023). Civilian Casualties from Autonomous Weapons in Ukraine.

Arthur, W. B.(2009). *The Nature of Technology: What It Is and How It Evolves.* Free Press.

Bostrom, N.(2014). *Superintelligence: Paths, Dangers, Strategies.* Oxford University Press.

Cazzaniga, M., et al.(2024). Gen-AI: Artificial Intelligence and the Future of Work. IMF Staff Discussion Note

SDN/2024/001. International Monetary Fund. https://www.imf.org/en/Publications/Staff-Discussion-Notes/Issues/2024/01/14/Gen-AI-Artificial-Intelligence-and-the-Future-of-Work-542379

Federal Ministry for Economic Affairs and Energy(2021). Industrie 4.0., https://www.bmwi.de/Redaktion/EN/Dossier/industrie-40.html

Gallup(2020). The Gig Economy and Alternative Work Arrangements. Gallup, Inc.

Harvard Ethics Institute(2024). Ethical Implications of AWS.

Hughes, P. T.(1983). *Networks of Power: Electrification in Western Society, 1880-1930.* Johns Hopkins University Press.

International Labour Organization(2019). Work for a brighter future – Global Commission on the Future of Work. International Labour Office.

Kela(2020). Results of Finland's basic income experiment: small employment effects, better perceived economic security and mental wellbeing. https://www.kela.fi/web/en/news-archive/-/asset_publisher/lN08GY2nIrZo/content/results-of-the-basic-income-experiment-small-employment-effects-better-perceived-economic-security-and-mental-wellbeing

Lockheed Martin(2023). Annual Report on Autonomous Systems Market.

McKinsey & Company(2021). The future of work after COVID-19. McKinsey Global Institute.

McKinsey Global Institute(2017). Jobs Lost, Jobs Gained:

Workforce Transitions in a Time of Automation. McKinsey & Company.
O'Neil, C.(2016). Weapons of Math Destruction: How Big Data Increases Inequality and Threatens Democracy, Crown.
Oxford Future of Humanity Institute(2024). The Future of Autonomous Weapons.
RAND Corporation(2023). Military Utility of Autonomous Weapons Systems.
Russell, S.(2023). Slaughterbots and the Future of Autonomous Weapons, AI Security Initiative, UC Berkeley.
Scharre, P.(2023). Army of None: Autonomous Weapons and the Future of War.
SIPRI(2023). The Impact of Artificial Intelligence on Strategic Stability and Nuclear Risk.
SIPRI(2023). The Strategic Impact of Autonomous Weapon Systems. Stockholm International Peace Research Institute Annual Report.
SkillsFuture Singapore(2021). About SkillsFuture, https://www.skillsfuture.gov.sg/
Stanford Basic Income Lab(2024.). What is basic income?, https://basicincome.stanford.edu/about/what-is-ubi/
Turing, A.(1950). Computing Machinery and Intelligence. Mind.
UN CCW(2019). Guiding Principles on Lethal Autonomous Weapons Systems.
UN Institute for Disarmament Research(2023). The Weaponization of Increasingly Autonomous Technologies.
UNIDIR(2023). The Weaponization of Increasingly Autonomous Technologies: Defining Autonomous Weapon Systems.
US Department of Defense(2023). Directive 3000.09: Autonomy

in Weapon Systems.
Wiener, N.(1948). Cybernetics: Or Control and Communication in the Animal and the Machine. MIT Press..
World Bank(2019). World Development Report 2019: The Changing Nature of Work. Washington, DC: World Bank.
World Bank(2021). Digital Development Partnership (DDP). https://www.worldbank.org/en/programs/digital-development-partnership
World Economic Forum(2020). The Future of Jobs Report 2020. World Economic Forum.
Yang, A.(2021). The Freedom Dividend. https://2020.yang2020.com/policies/the-freedom-dividend/

08
AI 글로벌 공동체를 위한 실천 방안 선언

AI의 확산은 그로 인한 사회적, 윤리적, 법적 문제를 초래할 수 있는 잠재력을 가지고 있다. 이러한 도전 과제에 대응하기 위해 글로벌 공동체는 협력과 규제를 통해 AI의 역할을 재정의하고, 윤리적 기준을 확립하며, AI 기술의 투명성과 책임성을 강화해야 한다. AI의 사회적 역할과 윤리적 가치 체계는 확고히 수립되어야 하고, 이를 기반으로 글로벌 공동체가 더욱더 AI 기술을 조화롭게 발전시킬 수 있도록 해야 한다.

AI의 사회적 역할 재정의

AI의 사회적 역할을 재정의한다는 것은 기존의 AI에 대한 인식과 활용 방식을 근본적으로 재고하고 확장하는 과정이다. 이는 AI를 단순한 기술적 도구에서 사회 변화의 핵심 동인으로 바라보는 시각의 전환을 의미한다.

유틸리티로서의 AI

유틸리티는 우리의 생활 속에서 전기, 가스, 수도 등은 일상생활과 경제 활동에 필수적인 기본 서비스나 시설이다. 유틸리티는 보편적으로 접근할 수 있으며, 지속적으로 공급되어야 하는 특성이 있다.

전통적인 유틸리티인 전기나 수도처럼, AI도 이제 일상생활과 비즈니스 운영에 없어서는 안 될 기반 기술로 발전하고 있다. AI를 유틸리티로 바라보는 관점은 이 기술에 대한 보편적 접근성과 공정한 분배의 필요성을 제기한다. 마치 전기와 수도가 모든 시민에게 제공되어야 하는 것처럼, AI 기술도 공공재로 인식하고 그 혜택도 사회 전반에 고르게 분배되어야 한다는 주장이다.

AI 기술의 혜택은 특정 기업이나 국가에 국한되지 않고 인류 전체에 골고루 분배되어야 한다. 이를 위해 AI 기술의 핵심 알고리즘과 대규모 언어 모델 등을 국제 협력을 통해 개발하고, 그 결과물을 공유하는 방안을 고려해 볼 수 있다. 예를 들어, UN 산하에 'AI 공공재 개발 위원회'를 설립하여 국제적 협력하에 AI 기술을 개발하고, 이를 각국의 공공 서비스에 활용할 수 있도록 지원하는 방안을 제안할 수 있다.

AI와 인간 공존 모델

AI와 인간 공존 모델은 기술의 발전과 인간의 고유한 가치를 조화롭게 결합하는 새로운 패러다임을 제시한다. 이 모델의 핵심은 AI와 인간을 상호 보완적이고 협력적인 관계로 설정하는 데 있다. AI는 인간의 능력을 보완하고 향상하는 도구로서, AI를 통해 복잡한 문제, 인간으로는 풀 수 없는 문제들에 집중해야 할 것이다.

이는 정보 기술과 사회 발전의 공진화(co-evolution) 개념에서 출발하는 것으로 현대 사회의 핵심 특징 중 하나다. 즉 기술의 진보와 사회 변화가 상호 영향을 주고받으며 함께 발전하는 과정을 의미한다. 이는 단순히 기술이 사회를 변화시키거나, 사회가 기술을 요구하는 일방향적인 관계가 아닌, 양방향적이고 역동적인 상호 작용을 나타낸다.

이러한 공진화의 과정에서 AI는 사회 구조, 문화, 생활양식, 교육, 정치 참여, 윤리, 환경 등 다양한 영역에 광범위한 영향을 미치고 있다. AI 기술의 발전은 이러한 공진화의 양상을 더욱 가속하고 있다. AI가 의료, 교육, 금융, 교통 등 다양한 분야에 적용되면서 각 분야의 서비스 제공 방식과 효율성을 크게 향상하고 있다. 동시에 이러한 변화는 새로운 윤리적, 법적 문제를 제기하며, 이는 다시 AI 기술의 발전 방향에 영향을 미치고 있다.

그러나 이러한 공진화 과정이 항상 순조롭게 진행되는 것은 아니다. 기술의 발전 속도가 사회의 적응 속도를 앞지르는 경우 디지털 격차, 프라이버시 침해, 일자리 손실 등의 문제가 발생할 수 있다. 따라서 기술과 사회의 균형 있는 발전을 위해서는 신중한 정책적 접근과 사회적 합의가 필요하다.

이러한 맥락에서 AI와 인간의 공존 모델을 구축하는 것은 매우 중요한 과제다. 이 모델은 AI 기술의 발전이 가져올 수 있는 긍정적인 사회 변화를 극대화하는 동시에, 잠재적인 부작용을 최소화하는 방향으로 설계되어야 한다.

공존 및 공진화의 과정을 이해하고 적절히 관리하는 것은, AI의 혜택을 극대화하고 잠재적 위험을 최소화하는 데 필수다. 따라서 정책 입안자, 기술 개발자, 시민 사회 등 다양한 이해관계자들의 협력과 지속적인 대화가 요구된다.

알고리즘 해방

'알고리즘 해방'에는 두 가지 중요한 의미가 있다. 첫째는 개인 사용자의 자유와 권리 보호, 둘째는 AI 시스템의 투명성과 설명 가능성 확보다.

개인 사용자 측면에서의 알고리즘 해방은 과도한 상업 광고 노출, 편향된 정보 제공, 개인의 생활 패턴에 미치는 부정적 영향으로부터의 자유를 의미한다. 한 번의 운동화 검색으로 인해 모든 온라인 공간에서 끊임없이 운동화 광고에 노출되거나, 특정 정치 성향의 뉴스만을 접하게 되어 편향된 시각이 강화되는 문제, 또는 동영상 스트리밍 서비스의 끊임없는 추천으로 인해 훨씬 오랜 시간을 가상 공간에 머물면서 생기는 일상생활의 어려움 등이 이에 해당한다. 참고로, 미국 뉴욕주는 지난 6월 소셜미디어에 부모의 동의가 없으면 18세 미만 미성년자에게 알고리즘에 따른 중독성 있는 콘텐츠 제공하는 것을 금지하는 법안을 통과시켰다.

이러한 문제를 해결하기 위해 '알고리즘 해방의 날'을 지정하여 개인의 단말기에 축적된 알고리즘 데이터를 주기적으로 삭제하는 방안도 하나의 방법이 될 수 있다. 그러나 알고리즘의 문제를 단순히 '해방'하여 사용자가 더 이상 노출되지 않도록 하는 방안은 당장의 문제를 완화할 수 있지만, 알고리즘의 부작용을 근본적으로 줄이지는 못할 것이다. 오히려 중요한 것은 알고리즘의 구조적 개선과 지속적인 투명성 확보를 통해 문제를 적극적으로 해결하고, 알고리즘이 인간의 삶에 긍정적 영향을 미치도록 관리하는 것이다.

그래서 AI 시스템 자체의 투명성과 설명 가능성 확보 또한 중요한 측면이다. AI의 의사 결정 과정이 블랙박스로 남아 있다면, 그 결과를 신뢰하고 책임 있게 활용하기 어렵다. 따라서 '설명 가능한 AI' 기술의 개발과 적용이 필수다. 이를 위해 국제 표준화 기구를 통해 AI 시스템의 투명성과 설명 가능성에 대한 글로벌 표준을 수립하고, 이를 준수하는 AI 시스템에 대해 인증을 부여하는 제도를 도입할 필요가 있다.

더불어, AI 알고리즘의 편향성을 검증하고 수정할 수 있는 국제적인 감사 체계를 구축하여, 전 세계적으로 공정하고 신뢰할 수 있는 AI 시스템이 개발되고 사용될 수 있도록 해야 한다. 이는 개인 사용자 보호와 AI 시스템의 발전이 균형을 이루는 데 중요한 역할을 할 것이다.

알고리즘 해방은 개인의 디지털 권리 보호와 AI 기술의 책임 있는 발전이라는 두 가지 측면을 모두 포괄하는 개념이다.

글로벌 공동체 형성을 위한 제도적 장치

AI 기술의 글로벌 확산과 활용이 가속화됨에 따라, 이에 따른 법적 · 윤리적 문제를 다루기 위한 제도적 장치의 필요성이 점점 더 중요해지고 있다.

AI의 복잡성과 그로 인한 사회적 영향력은 단일 국가의 법적 틀 안에서 해결하기 어렵기 때문에, 글로벌 공동체가 협력하여 효과적인 제도를 마련하는 것이 필수다. 이를 통해 AI 기술이 사회적으로 책임감 있게 사용되며, 모든 국가와 사회 구성원이 공정하게 혜택을 받을 수 있도록 해야 한다.

AI 사법 재판소: 책임과 권리의 판단

AI 기술의 발전에 따라 새로운 유형의 법적 분쟁이 발생할 것으로 예상된다. 그리고 기술의 특수성과 복잡성으로 인해 기존에 없는 갈등과 분쟁의 소지가 있기에, 전혀 새로운, 생각하지 못한 문제들이 제기될 것이다. AI의 과실과 사람의 과실 분배, AI의 결정에 대한 책임 소재,

AI 창작물의 저작권, AI에 의한 차별 등의 문제는 기존 법체계로 해결하기 어려운 복잡성을 지니기에, 'AI 사법 재판소' 설립을 제안한다. 이 재판소는 AI 관련 국제 분쟁을 해결하고, AI의 법적 지위와 책임 소재를 판단하는 역할을 담당하게 될 것이다. 재판소의 판결은 국제법적 구속력을 가지며, 각국의 AI 관련 법제 발전에 중요한 참고 기준이 될 것이다. 또 이 재판소는 AI의 권리와 의무에 관한 새로운 법리를 발전시키는 역할도 수행하게 될 것이다.

국제 AI 기술 관리 및 감독 기구

AI 기술의 급속한 발전과 그 영향력을 고려할 때, 이를 적절히 규제하고 감독할 수 있는 국제기구의 설립이 필요하다. 'UN 산하 AI 규제 감독 위원회'의 설립을 제안한다. 이 위원회는 AI 기술의 개발과 사용에 관한 국제 규범을 제정하고, 각국의 AI 정책을 조율하는 역할을 수행하게 될 것이다. 또한, 글로벌 AI 기업들의 활동을 모니터링하고, 필요한 경우 제재를 가할 수 있는 권한도 부여받아야 한다.

글로벌 협업 실행 방안

글로벌 협업을 통해 AI 기술이 가진 잠재력을 최대한 활용할 수 있을 뿐만 아니라, 기술의 윤리적 사용과 규제에서도 일관성을 유지할 수 있다. 이러한 협력은 단순히 기술적 교류를 넘어, 정책적 조율과 문화적 이해를 포함하는 포괄적인 접근을 요구한다.

연구 개발 및 정책 협력

AI 기술의 발전과 그 영향은 전 지구적 차원에서 이루어지고 있기 때문에, 이에 대응하는 연구와 정책 개발도 국제적인 협력을 통해 이루어져야 한다. 이를 위해 '국제 AI 연구 컨소시엄(consortium)'의 설립을 제안한다. 이 컨소시엄은 각국의 주요 연구 기관과 기업, 정부가 참여하여 AI 기술의 핵심 과제들을 공동으로 연구하고 그 성과를 공유하는 플랫폼이 될 것이다. 또한, 'AI 정책 포럼'을 정기적으로 개최하여 각국의 AI 정책 담당자들이 경험과 지식을 공유하고, 공동의 정책 방향을 모색할 기회를 제공해야 한다.

데이터 공유 및 인재 교류

AI 기술 발전의 핵심인 데이터의 국제적 공유 체계 구축이 필요하다. '글로벌 AI 데이터 허브'를 설립하여, 각국의 공공 데이터와 기업들의 비식별화된 데이터를 안전하게 공유하고 활용할 수 있는 플랫폼을 만들어야 한다. 이를 통해 더 다양하고 풍부한 데이터를 바탕으로 한 AI 기술 발전이 가능해질 것이다. 또한, AI 인재의 국제 교류를 촉진하기 위해 'AI 글로벌 펠로십(fellowship) 프로그램'을 운영할 것을 제안한다. 이 프로그램을 통해 전 세계의 우수한 AI 연구자와 개발자들이 다양한 국가와 기관에서 경험을 쌓고 지식을 교류할 기회를 제공해야 한다.

참고문헌

European Union Agency for Cybersecurity(ENISA)(2019). Artificial Intelligence Cybersecurity Challenges.

Future of Life Institute(2017). Asilomar AI Principles.

IEEE(2019). Ethically Aligned Design: A Vision for Prioritizing Human Well-being with Autonomous and Intelligent Systems.

09
AI 글로벌 거버넌스의 핵심 방향

국가별, 국제기구별 AI 전략은 전 세계적으로 칭찬할 만한 노력을 하고 있다. 그러나 문제는 보편적이고 상호 운영이 가능한 윤리 기준, 프레임워크의 부재로 인해 AI의 일관성이 결여되어 있다는 것이다. 나아가 AI 기술의 급속한 발전과 그 영향력의 확대에 치중하다 보니 인간에 대한 기술 혜택, 기술에 대한 접근성에 차이가 발생한다는 것이다. 이를 적절히 관리하고 통제할 수 있는 글로벌 거버넌스 체계의 구축이 시급해졌다.

인간 중심의 AI 개발과 활용

AI 기술이 인간의 기본적인 권리와 존엄성을 침해하지 않고 오히려 이를 보호하고 증진할 수 있도록 설계되고 활용될 수 있도록 인간 중심으로 AI가 개발되고 활용될 수 있어야 할 것이다.

오픈AI의 대표인 샘 올트먼도 언급했듯이 AI 기술에는 블랙박스의 이해 불가로 인해 인간이 통제할 수 없을지도 모른다는 두려움이 내재되어 있다.

혹시 AI가 지능이 아닌 의식을 가질 수 있을까? 만약 감정을 갖게 된다면 인간과 어떤 차이가 있는가?

AI의 자율성과 복잡성이 증가함에 따라, 기술이 예상치 못한 방식으로 작동하거나 인간의 의도와는 다르게 결정을 내릴 가능성이 커지며, 이는 AI에 대한 통제 불능 상태로 이어질 수 있다는 우려를 낳기에 더욱 인간 중심의 AI 개발과 활용이 중요해진다.

윤리적 AI 개발 원칙

윤리적 AI 개발 원칙은 AI 기술이 사회적 · 법적 · 윤리적 기준을 준수하도록 보장하는 지침으로 구성돼야 한다. 이는 AI 시스템이 공정하고 투명하며 책임감 있게 개발되고 사용되도록 하는 것을 목표로 해야 하며, 그래야 사회적 신뢰를 얻고 활용이 보다 활발해질 수 있다.

각 국가는 다양한 윤리적 AI 개발 원칙을 수립해 왔다. 미국 국립과학기술위원회(NSTC)의 'AI 윤리 원칙'(2019), 미국 국립표준기술연구소(NIST)의 'AI 위험 관리 프레임워크', EU의 '신뢰할 수 있는 AI를 위한 윤리 가이드라인'(2019), 중국의 '신뢰할 수 있는 AI에 관한 백서'(2021), 캐나다 정부의 'AI 시스템의 윤리적 사용을 위한 원칙'(2018) 등 국가별 다양한 AI 윤리 관련 원칙이 발표되었으며 국제기구인 유네스코(UNESCO)도 2021년에 AI 윤리에 관한 글로벌 권고안을 채택하였다.

이처럼 윤리 기준을 마련하려는 각국의 노력이 한창이나, AI 기술이 국경을 초월해 사용됨에 따라 국제적으로 일관된 윤리적 기준을 마련하는 것이 중요하다. 각국의 AI 윤리 정책과 가이드라인을 조율하고, AI 윤리 국제 표준을 개발할 필요가 있다. 일례로, 윤리적으로 개발된 AI 제품과 서비스를 선택할 수 있도록 '글로벌 AI 윤리 라벨링 시스템'을 글로벌 공동 행동으로 취할 필요가 있다.

AI와 도덕: 윤리적 의사 결정 프레임워크

AI 시스템이 윤리적 딜레마 상황에서 올바른 판단을 내릴 수 있도록 하는 프레임워크가 필요하다. 윤리적 의사 결정 프레임워크는 AI 시스템이 인간의 도덕적 원칙에 부합하는 결정을 내릴 수 있도록 설계되고 훈련되는 방식을 규정하는 국제적인 약속이다. 필요시 '글로벌 AI 윤리위원회'를 구성하여, 다양한 문화와 가치관을 고려한 윤리적 의사 결정 가이드라인을 개발할 필요가 있다.

기술적 상호 운용성 확보

AI 기술의 상호 운용성을 국제적인 수준에서 효과적으로 확보하기 위해서는 다각적인 노력이 필요하다. 여기에는 표준화 작업, 데이터 교환 프로토콜의 개발, 윤리적 가이드라인의 수립 등이 포함된다.

미국 국립표준기술연구소(NIST)의 AI 위험 관리 프레임워크(Risk Management Framework)는 AI 기술의 안전성, 신뢰성, 공정성, 투명성을 보장하는 동시에, 기술적 상호 운용성을 확보하는 데 중요한 역할을 하고 있다. 그 외, 국제표준화기구(ISO)와 국제전기기술위원회(IEC)의 합동 기술위원회(JTC)도 글로벌 표준을 개발하기 위해 노력하고 있으며, 전기전자기술자협회(IEEE)는 AI와 자율 시스템의 윤리적 설계와 사용을 촉진하기 위한 글로벌 이니셔티브(Global Initiative on Ethics of Autonomous and Intelligent Systems)를 운영하고 있다.

이러한 노력은 AI 기술이 국제적으로 일관되게 개발되고 사용될 수 있도록 하는 게 중요하며 개별 기구나 개별 학회의 노력이 아닌 통일된 AI 표준을 개발하는 것이 필수다. 그러므로 이러한 노력을 조율하고 지원하기 위해 새로운 국제기구나 국제회의를 만드는 것도 하나의 효과적인 방안이 될 수 있다.

또 AI 기술의 핵심은 데이터이므로, 데이터가 국가 간에 원활하게 교환될 수 있는 '국제 데이터 교환 프로토콜'을 개발하고 이를 지원하는 협약을 체결하는 것이 중요하다. 국가 간 데이터 교환을 위한 국제 협약을 체결하여, 데이터의 일관성, 보안, 프라이버시 보호를 보장하는 글로벌 프로토콜을 마련할 수 있다.

효과적인 규제 체계

AI의 부정적 효과는 개인의 권리 침해, 사회적 불평등 심화, 프라이버시 침해, 국가 안보 위협, 국가 간 분쟁 등 다양한 문제를 초래할 수 있다. 이러한 문제들을 예방하고 완화하기 위해서는 AI 기술의 개발과 사용에 대한 효과적인 규제와 제재 체계를 구축하는 것이 필수다. 특히 글로벌 차원에서의 규제와 제재 체계로 각국이 AI 기술을 일관되게 관리하고, 국제적인 협력을 통해 AI의 잠재적 위험을 효과적으로 통제할 수 있게 된다.

국제법적 기반 마련

국제적인 차원에서 AI 기술을 규제하고 제재하기 위해서는 통일된 법적 기반이 필요하다. 각국이 독립적으로 규제를 시행할 경우, 상충하는 법적 기준과 규제가 AI 기술의 글로벌 확산을 저해하고, 국가 간 갈등을 초래할 수 있다. 따라서 글로벌 차원에서 AI 기술에 대한 규제를 일관되게 적용할 수 있는 국제법적 기반을 마련하는 것이 중요하다.

유럽연합(EU)은 AI 규제를 위한 법안을 제정하여, 회원국들이 일관된 법적 기준을 따를 수 있도록 하고 있으며, OECD AI 원칙도 회원국들이 AI 기술을 개발하고 사용할 때 준수해야 할 기준을 제공하고 있다.

더 나아가 특정 국가 또는 특정 지역이 아닌 국제조약의 형태로 AI 시스템의 설계, 개발, 배포, 사용에 관한 국제적 기준을 설정하고, 각국이 이를 준수하도록 법적 구속력을 부여할 수 있다. 이를 통해 국제 질서 유지 및 분쟁 해결, 국제 협력 증진 및 국가 간 신뢰 구축이 가능하다. 일례로, 국제 사법 재판소와 유사하게, AI 기술 관련 분쟁을 해결하고 규제 위반 사례를 다루는 국제법적 기관을 설립할 수 있다. 이 기관은 AI 기술의 국제적 규제 준수 여부를 관리 · 감시하고, 위반에 대한 처벌 같은 제재를 부과할 수도 있다.

그러나 법적 구속력에는 해당 국가 주권의 문제, 법 해석의 차이, 국가 간 불평등, 국제 사법 기관의 한계 등 부정적인 영향도 있는바 신중한 접근이 필요하다.

관리·감독 메커니즘 구축

AI 기술은 빠르게 발전하고 있으며 그 사용 영역도 확장되고 있기 때문에, 규제 체계만으로는 모든 위험을 예방하거나 통제하기 어렵다. 따라서 규제와 함께 관리 · 감독 메커니즘을 구축하여 AI 기술이 안전하고 책임 있게 사용될 수 있도록 해야 할 것이다.

이를 위해 국제 AI 감독 기구의 설립, 그리고 국제 AI 인증 시스템 도입 등의 방안을 제안할 수 있다.

국제적으로 AI 기술을 감독하는 독립 기구를 설립하여, AI 시스템의 운영과 성능을 지속적으로 모니터링하고 평가할 수 있다. 이 기구는 각국의 규제 기관과 협력하여 AI 기술의 윤리적 사용을 촉진하고, 위험이 발생할 경우 신속히 개입할 수 있는 권한을 갖도록 하며 보다 효과적으로 대응을 할 수 있다.

그리고 AI 시스템이 국제적 규제와 기준을 준수하는지 인증하는 시스템을 도입할 수 있다. 이 시스템은 AI 제품과 서비스가 글로벌 차원에서 승인된 표준을 충족하는지 확인하고, 인증을 받지 못한 AI 시스템의 사용을 제한할 수 있다.

인간과 AI의 책임 소재 규명 메커니즘

AI의 행동으로 인해 발생하는 문제에 대해 누가 책임을 져야 하는가? 이에 대한 논의가 중요해지고 있다. 즉 AI의 잘못인가, 사람이 잘못인가? 둘 다의 잘못이라면 각각의 책임의 정도는 어느 정도인가? 기본적으로 AI 시스템이 자율적으로 결정을 내리는 경우가 많아지기에, 책임 소재가 불분명해지는 상황은 더 심해질 것이다. 이를 위해 인간과 AI의 책임 소재를 명확히 규명하는 메커니즘은 AI 기술의 윤리적 사용을 보장하고, 문제가 발생할 경우 적절한 대응을 가능하게 할 것이다.

일본의 AI 윤리 가이드라인에는 AI 기술의 개발과 사용에서 인간의 책임을 명확히 하기 위한 관련 규정을 담았다. AI 시스템의 설계자, 개발자, 운영자가 각자 어떤 책임을 져야 하는지를 규정하며, AI의 오작동이나 예상치 못한 결과에 대한 책임을 명확히 하고자 했다. 유럽연합(EU)의 일반 데이터 보호 규정(GDPR)은 데이터 처리와 관련된 책임을 명확히 규정하고 있으며, AI 시스템이 데이터를 처리할 때 발생하는 문제에 대해 책임 소재를 규명하고자 하였다.

이런 맥락에서 AI의 행동으로 인해 발생하는 문제에 대해 누가, 어떤 기준으로 책임을 져야 하는지를 명확히 규정하고, 국가 간 책임 분쟁을 해결하는 메커니즘을 제공하기 위해서 국제 AI 책임 소재 규명을 위한 협력이 필요하다.

AI와 인간의 공동 책임 프레임워크 개발도 중요한 실천 대안이 될 수 있다. AI의 자율성과 인간의 개입이 혼재된 상황에서 발생하는 책임 문제를 해결하기 위해, AI와 인간의 공동 책임을 규정하는 프레임워크를 개발할 수 있다. 프레임워크는 AI 시스템의 행동에 대해 인간과 AI가 각각 어느 정도의 책임을 지는지를 평가하고, 이에 따른 법적 · 윤리적 기준을 제시한다.

참고문헌

Cabinet Office of Japan(2019). Social Principles of Human-Centric AI.

China Academy of Information and Communications Technology (2021). White Paper on Trustworthy Artificial Intelligence
European Commission(2019). Ethics Guidelines for Trustworthy AI.
IEEE(2019). Ethically Aligned Design: A Vision for Prioritizing Human Well-being with Autonomous and Intelligent Systems.
National Institute of Standards and Technology(2023). AI Risk Management Framework 1.0
National Science & Technology Council(2019). The National Artificial Intelligence Research and Development Strategic Plan: 2019 Update.
Treasury Board of Canada Secretariat(2018). Directive on Automated Decision-Making.
UNESCO(2021). Recommendation on the Ethics of Artificial Intelligence.

10
AI의 미래와 인류의 과제

인간은 과연 기계를 통제할 수 있을까? 통제를 왜 당면 문제로 생각하는가? 그리고 통제를 위해 어떻게 해야 할 것인가? 통제의 필요성을 논하기에 앞서, 우리는 먼저 무엇을 통제해야 하는지 이해해야 할 것이다. 통제는 단순한 제어나 규제를 넘어서 스스로 판단하고 스스로 행할 수 있게끔 해야 할 것이다.

인공일반지능의 도래와 미래 도전

지금의 AI가 생성과 지식 중심의 지능이라면 강인공지능인 인공일반지능(AGI, Aritificial General Intelligence)은 사람처럼 지능, 의식, 감성을 갖추고 물리적인 세계에서 사물이나 상황에 대해 인지 능력을 갖추어 문제를 해결하는 것이다.

AGI의 도래 시기에 대해서는 전문가들 사이에서도 의견이 다양한 것 같다. 가장 빠른 예측은 일론 머스크의 2026년으로, 그는 이 시기에 인간의 일반적 지능을 훨씬 뛰어넘는 AGI가 등장할 것이라고 예상했다. 그다음으로 셰인 레그(Shane Legg)가 2028년, 샘 올트먼도 2028년경으로 예측하고 있어, 비교적 가까운 미래에 AGI가 실현될 것이라는 견해를 보인다. 레이 커즈와일은 2029년에 AGI가 달성되고, 이어서 2045년에 특이점(singularity)이 도래할 것이라고 예측했다. 데이비드 샤피로(David Shapiro)는 조금 더 보수적으로 2025년에서 2026년 사이에 AGI가 등장할 것으로 예상했다.

반면, 제프리 힌턴은 최근까지만 해도 AGI 실현에 20~50년이 걸릴 것으로 생각했지만, 최근에는 그 기간을 20년 이하로 단축해서 예측하고 있다. 벤 괴르첼(Ben Goertzel)은 가장 넓은 범위로, 2027년에서 2045년 사이에 AGI가 실현될 것으로 보고 있다.

이러한 다양한 예측과 견해는 AGI 발전의 복잡성과 불확실성을 반영하고 있으며, 대체로 2020년대 후반에서 2040년대 사이에 AGI가 실현될 가능성이 높다는 데 의견이 모이고 있는 것 같다. 그러나 대부분의 의견은 AGI가 진전되고 있고, 예견된 미래라는 것이다.

AI와 인간의 공생, 가치 정렬

AI 기술의 발전은 단순한 기술적 진보가 아닌, 사회적 요구와 규제가 그 방향에 중요한 영향을 미치는 공진화 과정이다. AI 기술이 발전할수록 사회는 그 영향을 고려하여 새로운 법적 틀과 윤리적 기준을 마련했고, 이는 다시 기술 발전에 피드백을 제공하여 더 나은 기술을 만들어 내는 데 기여해 왔다.

브라이언 아서(Brian Arthur)는 기술이 유기체처럼 진화한다고 주장하며, 기술 발전이 기존 기술의 조합과 상호 작용을 통해 이루어진다고 설명했다. 이러한 관점에서 AI 기술은 사회적 요구와 규제라는 환경에 적응하며 진화하는 과정을 거치고 있다. 예를 들어, 자율주행 자동차 기술은 교통안전을 향상하고, 교통 체증을 완화하며, 이동 편의성을 높일 수 있는 잠재력이 있다. 하지만 자율주행 자동차 기술은 기술적 안전성뿐만 아니라 법적 책임, 윤리적 문제 등 다양한 사회적 논의를 거쳐야 한다. 자율주행 자동차 사고 발생 시 책임 소재를 어떻게 규명할 것인지, 자율주행 자동차가 도로 상황에서 윤리적 판단을 어떻게 내려야 하는지 등의 문제가 있다. 이러한 사회적 논의는 자율주행 자동차 기술의 발전에 영향을 미치고 있으며, 기술 개발자들은 사회적 요구를 반영하여 더욱 안전하고 윤리적인 기술을 개발하기 위해 노력하고 있다.

AI 기술의 발전과 사회의 변화는 서로 긴밀하게 연결되어 있다. AI 기술은 사회의 요구에 부응하여 발전하며, 동시에 사회는 AI 기술의 영향을 받아 변화한다. 이러한 공진화 과정은 AI 기술의 지속 가능한 발전과 사회의 안정적인 변화를 위한 중요한 과정이다.

또 AI 기술 발전과 함께 사회적 · 윤리적 논의는 더욱 중요해지고 있다. 그래서 AI 기술이 인간의 삶에 미치는 영향을 고려하여 기술 개발의 윤리적 기준을 마련하고, 기술의 오용을 방지하기 위한 노력이 필요한 것이다. 이러한 노력은 AI 기술이 인간에게 도움이 되는 기술로 발전하는 데 중요한 역할을 할 것이다. AI 기술이 가져올 사회적 · 경제적 변화에 대한 예측과 대비는 물론, AI 기술 개발과 활용에 대한 사회적 합의를 도출하고, AI 기술의 윤리적 책임과 안전성을 확보하는 것이 무엇보다 중요하다.

기계의 목표 지향적인 행동을 인간의 가치와 일치시키는 문제, 즉 인간과 기계의 정렬 문제도 중요하다. 스튜어트 러셀은 그의 저서에서 AI 시스템이 인간의 가치와 선호도를 어떻게 학습하고 실현해야 하는지에 대한 기본 프레임워크를 세 가지 원칙으로 제시한 바 있다. 첫째, 기계의 유일한 목표는 인간의 선호 실현을 극대화하는 것이다. 이 원칙은 AI가 자신만의 독립적인 목표를 추구하는 것이 아니라, 인간의 가치와 선호도에 맞춰 행동해야 함을 강조하며 AI가 인간의 통제하에 있어야 하며, 인간의 복지 증진이 최우선 과제임을 의미한다. 둘째, 기계는 초기에는 이러한 선호가 무엇인지 확신하지 못한다. AI 시스템은 인간의 선호도에 대해 미리 확정된 가정을 가져서는 안 된다는 의미로, 인간의 선호도는 매우 복잡하고 다양하며, 때로는 모순적일 수 있기 때문이다. 그래서 AI가 인간의 선호도를 학습하고 이해하는 과정이 필요하며, 이는 지속적인 관찰과 학습을 통해 이루어져야 한다는 것이다. 즉, AI가 겸손한 자세로 접근해야 함을 의미한다. 셋째, 인간 선호에 대한 궁극적인 정보

출처는 인간의 행동이다. AI는 인간의 실제 행동을 관찰하고 학습함으로써 인간의 선호도를 이해해야 한다는 것이다. 단순히 인간이 말하는 것이 아닌, 실제 행동을 통해 드러나는 진정한 선호도를 파악해야 한다. 이는 인간의 명시적인 진술뿐만 아니라 암묵적인 행동 패턴도 중요한 학습 자료가 되어야 한다는 것을 의미한다 (Russell, 2019).

통제할 수 있는 힘

인간은 과연 기계를 통제할 수 있을까? 그리고 통제를 왜 당면 문제로 생각하는가? 그리고 통제를 위해 어떻게 해야 할 것인가?

통제의 필요성을 논하기에 앞서, 우리는 먼저 무엇을 통제해야 하는지 이해해야 할 것이다. 통제는 단순한 제어나 규제를 넘어서 스스로 판단하고 스스로 행할 수 있게끔 하는 것이다. AI의 사용과 영향력은 기계적 자율성, 인간의 의도, 환경적 지속 가능성이라는 세 가지 주요 영역에서 결정적 영향을 미치며, 각각의 영역에서의 통제는 AI의 안전하고 책임 있는 발전을 위해 필수다. 이러한 통제는 단순히 기술적 관리가 아니라, AI가 인간의 삶과 환경에 부정적인 영향을 끼치지 않도록 하는 장치이며,

안전하고 지속 가능한 미래를 위한 보호막이라 할 수 있다.

기계의 통제가 필요한 이유는 AI의 자율성과 영향력이 인간이 예상하는 수준을 넘어설 가능성이 있기 때문이다. 자율적으로 학습하고 판단하는 AI는 우리에게 혁신을 선사할 수 있지만, 동시에 그 결정이 예측 불가능한 위험을 초래할 수도 있다. 따라서 기계의 통제는 AI가 인간의 가치와 목표를 따르고, 필요할 때 언제든 인간이 개입할 수 있도록 설정하는 안전장치로서 중요하다. AI와 기계의 발전은 인류에게 엄청난 기회를 제공하고 있지만, 동시에 우리의 통제 능력을 시험하는 요소이기도 하다. 기술의 자율성은 점점 강화되고 있으며, 특히 자율무기 시스템이나 금융 시장의 AI 의사 결정과 같은 고위험 분야에서 우리는 기술이 만들어 낼 수 있는 예측 불가능한 상황에 대비해야 한다. 기계를 통제한다는 것은 단순히 기능을 제어하는 것이 아니라, 기계가 인간의 윤리와 가치를 따르도록 설정하는 것이다. 이를 위해 AI 시스템의 투명성을 확보하고, 설명 가능한 알고리즘을 구축해야 한다.

기술을 사용하는 주체는 결국 인간이며, 인간의 의도가 AI 기술의 방향을 결정한다. 모든 기술은 사용자의 의

도에 따라 선하게 혹은 악하게 사용될 수 있다. AI는 특히 데이터와 알고리즘에 기반해 편향된 결과를 낼 수 있으며, 잘못된 사용으로 인해 범죄나 인권 침해가 발생할 위험도 있다. 그러므로 사람의 통제는 AI 기술이 책임감 있게 사용되고, 악의적 의도로 오용되지 않도록 규제와 윤리적 교육을 통해 강화되어야 한다. 사람이 가지는 통제력이 AI를 긍정적 방향으로 이끄는 견인 역할을 해야 하는 것이다.

AI와 기계의 발전이 환경에 미치는 영향도 무시할 수 없는 문제다. AI와 같은 고성능 기술은 많은 전력과 자원을 필요로 하며, 이는 탄소 배출을 증가시키고 기후 변화에 부정적인 영향을 미친다. 환경을 통제한다는 것은 단순히 에너지를 절감하는 차원을 넘어, 기술이 환경에 미치는 영향을 최소화하기 위해 에너지 효율성을 개선하고, 재생 가능 에너지로의 전환을 촉진하는 것이 필요하다. AI가 기후 문제 해결에도 기여할 수 있지만, 이와 동시에 그 발전이 환경을 위협하지 않도록 하는 통제력이 중요하다.

'통제할 수 있는 힘'의 확보는 단순한 기술적 과제가 아닌, 인류의 미래를 결정할 핵심 과제다. 이를 위해서는 AI 안전성 연구 등에 대한 지속적인 투자와 차세대 인재 양성이 필요하다. 또한 AI 윤리 원칙에 대한 광범위한 사회적 논의와 합의도 이루어져야 한다. 더불어 글로벌 AI 거버넌스 체계 구축과 기술 격차 해소를 위한 국제 협력도 강화되어야 할 것이다.

우리는 지금 역사적 전환점에 서 있다. AI가 가져올 변화는 산업 혁명을 능가하는 큰 충격이 될 것이다. 이 시점에서 '통제할 수 있는 힘'은 단순한 규제나 제한이 아닌, 인류의 지속 가능한 발전을 위한 지혜로운 선택이 되어야 한다. 이는 우리 세대뿐만 아니라 미래 세대를 위한 우리의 책임이자 의무다. AI와 함께하는 미래는 두려움의 대상이 아닌, 우리가 현명하게 이끌어 가야 할 새로운 도전이다.

먼 미래일지, 가까운 미래일지 모르겠지만 어느 순간 우리는 '착한 인공지능'이라는 용어를 사용하고 있을지 모르겠다. 착한 의도로 인공지능을 만들 때 착한 인공지능이 만들어질 것이다. 착한 인공지능이라는 용어를 사용하지 않기를 바란다.

참고문헌

Arthur, W. B.(2009). *The Nature of Technology: What It Is and How It Evolves*. Free Press.

Russell, S.(2019). *Human Compatible: Artificial Intelligence and the Problem of Control.* Viking.

오성탁

한국지능정보사회진흥원(NIA)의 연구 위원이자 영남대학교 경영학과 겸임 교수다. AI, 빅데이터, 통신 네트워크, 국가 정보화 전략 계획, 정보화 사업 평가, 스마트워크 등 정보 통신 기술(ICT)의 다양한 분야에서 중요한 역할을 수행해 왔다. 성균관대학교에서 경영학 박사 학위를 취득했으며, 서울대학교에서 경영학 석사 학위를, 한국외국어대학교에서 영어학 학사 학위를 받았다. 2018년부터 한국지능정보사회진흥원의 지능데이터본부장을 맡아 우리나라의 AI와 빅데이터 발전에 견인차 역할을 했으며 다양한 데이터 구축 사업과 실증 사업들을 주도했다. 국제적으로는 2010년 남아프리카공화국 통신부의 기술 고문으로 파견되었으며, 2019년에는 OECD의 AI 전문가 그룹(AIGO)으로 활동하며 OECD AI 원칙(AI Principles) 수립에 직접 참여했다. 2020년부터 2022년까지 AI 국제협의체인 GPAI(Global Partnership on AI)의 한국 전문가로 활동했으며 2021년에는 OECD에 파견근무를 하며 글로벌 파트너와 협력 관계를 구축하는 전문가로 자리매김했다. 주요 발간물로는 “Enabling data sharing for social benefit through data trusts(GPAI, 2021)”을 포함해 다수의 연구 결과가 있으며, 향후 글로벌 디지털 정책과 관련된 연구를 지속할 계획이다.